운명을 바꾸는 지혜
관점

젬마의서재

일러두기

이 책에서는

- '나 = 자신(自身)=자아(自我)=자기(自己)'는 같은 의미로 사용하며 책의 저자(著者)가 아닌 독립된 하나의 개체처럼 살아가는 사람 그 자체를 지칭하는 단어로 사용됩니다.
- '우주의 본질(本質) 혹은 본성(本性)=우주의 원리 혹은 법칙=자연의 원리 혹은 법칙=진리'는 같은 의미로 사용됩니다.
- '내부 혹은 내면'은 사람의 내면, 곧 정신, 마음, 의식 및 그 작용을 뜻하며, '외부 혹은 외면'은 사람의 외면, 곧 육체, 육체적 행위인 말이나 행동, 육체의 주위환경을 의미합니다.

운명을 바꾸는 지혜
관점

최창환 · 구미정

들어가는 말

나는 지금 여기에서 생각하고 있는 현재의식만큼 삶을 이루고 살아가고 있습니다.

만약 내가 뜻한 대로 이루고 싶다면
관점의 변화를 통하여 관찰과 인식의 수준을 최대한 높여서
배운 지식과 체험을 바탕으로 새로운 앎,
즉 깨달음을 만드는 과정이 필요합니다.
그런 과정을 통해 의식 및 인식의 수준이 높아지면
일상에서 느끼고 생각하고 판단하고 행동하는 수준이 달라지고
나의 역할, 즉 운명은 달라지게 됩니다.
달라진 운명만큼 삶은 저절로 바뀌어
결국 원하던 삶이 실현되는 성공에 이르게 되고
자유롭고 행복하여 편안(便安)한 삶을 누리게 됩니다.

만약 이런 과정을 거쳤음에도
자유롭고 행복한 삶을 '지속적으로' 누리지 못한다면
한 걸음 더 나아가 우주의 원리, 즉 진리에 대한 앎을 확장하여

우주다운 의식 및 인식수준에서
우주다운 성공을 이루고 늘 자유와 행복을 누리는
평안(平安)한 삶을 추구하려는 노력이 필요합니다.

우리는 과학기술의 발달로 다양한 정보가 생성되고 공유되는 지식-정보화 사회에 살고 있습니다. 감당하기 힘든 과도한 지식과 정보에 노출되면서 그것의 의미들을 일관되게 정리하기 힘든 경우, 오히려 '근거 없는 믿음들이나 불합리한 편견들'이 마음속에 점점 자리잡기 쉽습니다. 이런 상태에서 갖게 되는 감정이나 생각대로 사는 삶은 그릇된 믿음과 편견에 의한 삶이지 진정한 나의 삶이 아닐 가능성이 높습니다. 그렇기에 그런 삶에서 느끼는 자유와 행복은 오래 가기 어렵습니다. 왜냐하면 세상은 잘못된 믿음과 편견과는 다르게 우주 혹은 자연의 원리대로 흘러가기 때문입니다.

인식과정에서 자신(自身)의 마음 안에 존재하는 잘못된 믿음과 편견에서 벗어날수록, 우리는 현상 속에 있는 우주와 나의 본질을 점점 더 있는 그대로 인식할 수 있습니다. 이런 과정에서 인식하게 된 본질의 일부분은 전체를 알기 위한 하나의 디딤돌과 같습니다. 그 디딤돌이 많아질수록 나와 우주의 본질에 대한 인식수준이 향상되고, 그만큼 삶에서 누리는 진정한 자유와 행복도 점점 늘어날 것입니다. 이렇듯 우주의 본질(本質)에서 드러난 현상을 있는 그대로 인식하는 것은 철저히 나의 몫입니다.

이 책은 현상에서 본질을 인식하는 과정을 통하여 '나는 자유롭고 행복한 삶을 살고 있다'라는 생각에 도달하도록 만드는 것이 목적입니다. 주로 본질을 인식하는 원리, 방법, 결과에 대해 소개하고 안내하는 내용들로 구성되어 있습니다.

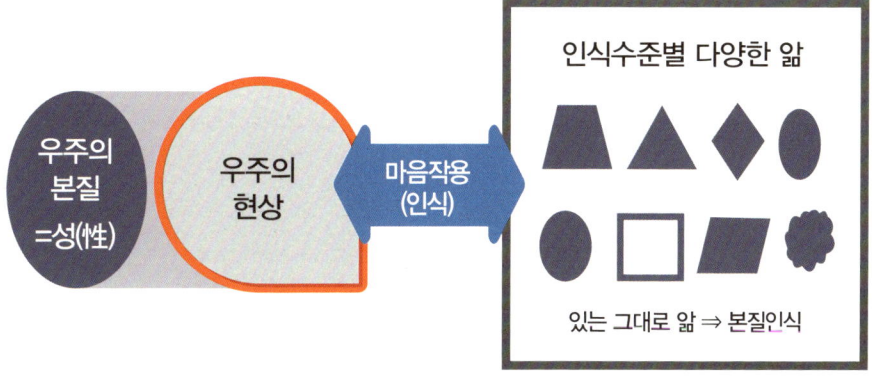

그래서 책의 내용에는 과학, 철학, 종교, 심리, 운명 등 다양한 주제들이 포함되어 있습니다. 이런 주제들을 단순히 믿거나 외우거나 상징으로 인식한다면, 나와 우주의 본질을 탐구하고 의식성장을 할 수 있는 소중한 기회를 잃어버린 것과 같습니다. 먼저, 과학적 사고를 바탕으로 각 주제들을 살펴보고 명확히 이해하는 과정을 통해 나와 우주의 본질을 알기 위한 첫걸음을 시작하려 합니다.

목차

들어가는 말 ·005

PART 1
합리적 사고

1장 바른 과학적 사고와 합리적 원리와 원칙 ·019

2장 합리적으로 사고하는 지혜로운 존재 ·021

PART 2
철학적 사고

1장 운명(運命)과 숙명(宿命) ·028

2장 성명정(性命精) ·030

3장 운명(運命)의 원리 ·036

　　　　(1) 나의 천기(天氣)

　　　　(2) 나의 지기(地氣)

　　　　(3) 나의 인기(人氣)

　　　　(4) 운명의 세부 주제들

4장 나의 존재, 정체, 생명체 ·042

　　　　(1) 나의 존재와 존재 특성을 알아보기

　　　　(2) 정체와 정체성에 대해 알아보기

　　　　(3) 나의 정체에 대한 다양한 정의

5장 영혼(靈魂), 마음(心), 정신(精神) ·049

　　　　(1) 영혼(靈魂)

　　　　(2) 마음(心)

　　　　(3) 정신(精神)

6장 인식(認識), 의식(意識), 생각 ·058

　　　　(1) 앎(식, 識)이란?

　　　　(2) 인식(認識)

　　　　(3) 의식(意識)과 현재의식(現在意識)

　　　　(4) 생각

7장 관점(觀點) ·078

　　　　(1) 관점이란?

　　　　(2) 관점의 종류

　　　　(3) 관점의 특성

목차

PART 3
관점 및 의식수준의 변화

1장 관점 변화 방법 ·094

    (1) 수직적 관점 변화

    (2) 수평적 관점 변화

2장 의식수준의 변화 방법 ·097

    (1) 나에 대한 인식의 변화

    (2) '생각잘하기' 위한 방법들

    (3) 언어생활

    (4) 행동(行動)생활

    (5) 유익한 감각적 인식 활용하기

    (6) 유익한 파동에너지 활용하기

3장 관점 및 의식수준의 습관과 생활화 ·143

    (1) 무의식 및 그 작용의 변화

    (2) 학습(學習)으로 습관 및 생활화하기

PART 4

성공을 이루어 자유롭고 행복한 삶으로

1장 뜻한 대로 성공(成功)한 삶 ·**149**

2장 자유롭고 행복한 삶 ·**150**

3장 편안(便安) 혹은 평안(平安) ·**151**

    (1) 편안한 삶

    (2) 평안한 삶

PART 5

우주 수준의 성공, 자유, 행복에서 평안까지

1장 우연(偶然)이 필연(必然)으로 ·**155**

2장 진리를 내 삶의 원리와 원칙으로 ·**156**

3장 나의 관점을 우주의 관점으로 ·**160**

4장 우주의 관점에서 나의 마음과 역할을 바라보기 _ 성명쌍수 ·**163**

    (1) 명(命)수련과 기(氣)수련

목차

(2) 성(性)수련과 심(心)수련

(3) 성명쌍수(性命雙修)

5장 궁극의 깨달음으로 욕구와 집착에서 자유롭기 ·168

6장 진선미로 이루어진 세상은 지복, 천국, 극락이다. ·172

(1) 진(眞) - 우주의 관점에서 세상은 모두 참이다.

(2) 선(善) - 우주의 관점에서 세상은 모두 옳다.

(3) 미(美) - 우주의 관점에서 세상은 모두 아름답다.

(4) 지복(至福) - 우주의 관점에서 누리는 지속된 행복

7장 자아존중과 자아실현으로 진정한 나와 소통 ·182

8장 나와 공동체의 어울림(조화, 調和) ·184

PART 6
마음과 운명

1장 마음과 운명의 작용 원리 ·188

2장 마음과 운명의 변화 방법 ·189

3장 마음과 운명의 변화 결과 ·191

4장 운명을 바꾸는 지혜로운 관점, 정관(正觀) ·192

부록

1. 전일적 건강(Holistic Health) ·**196**

　　(1) 건강불균형에 대한 전일적인 접근법
　　(2) 건강불균형 원인에 대한 건강 인기 증진법

2. 운명적 기(氣)의 측정 및 평가 ·**200**

　　(1) 기(氣)의 측정
　　(2) 기(氣)의 평가

나가는 말 ·**194**
참고문헌 ·**206**
미주 ·**208**

PART 1

합리적 사고

1장 바른 과학적 사고와 합리적 원리와 원칙
2장 합리적으로 사고하는 지혜로운 존재

합리적 사고

호모 사피엔스 사피엔스(Homo sapiens sapiens)는 호모 사피엔스(Homo sapiens)의 아종(亞種)으로 현생인류를 가리키는 학명(學名)입니다. 표준국어사전에서 '호모 사피엔스'는 '인간의 본질은 이성적인 사고를 하는 데 있다고 하는 인간관'이라고 철학적으로 정의합니다. 그리고 '사람'도 '생각하고 언어를 사용하며 도구를 만들어 쓰고 사회를 이루어 사는 동물'로 정의합니다. 사전적 정의를 살펴보면, '생각하는 것'이 현생인류인 사람의 공통적인 특성임을 알 수 있습니다. 깨어있는 동안 계속해서 떠올리거나 떠오른 생각들을 통하여 판단하고 행동하는 것을 보면, 생각은 우리의 삶을 이루는 중요한 요소입니다. 문제는 '지혜로운'이란 뜻을 가진 '사피엔스(sápiens)'라는 어원과는 달리, 사람의 생각들은 항상 지혜(智慧)롭지 않다는 점입니다.

- **지혜 智慧/知慧의 사전적 정의**
1. 사물의 이치를 빨리 깨닫고 사물을 정확하게 처리하는 정신적 능력.
2. 불교 제법(諸法)에 환하여 잃고 얻음과 옳고 그름을 가려내는 마음의 작용으로서, 미혹을 소멸하고 보리(菩提)를 성취함.
3. 기독교 하나님의 속성 가운데 하나. 히브리 사상에서는 지혜의 특성을 근면, 정직, 절제, 순결, 좋은 평판에 대한 관심과 같은 덕행이라고 본다.

【 이 책에서 사용하는 정의 】
 전일성을 이해하여 바르게 사리 판단하는 지(智)와 모든 현상에서 본래의 역할들을 이해하여 조화(調和)롭게 사리 판단하는 혜(慧)를 합하여 지혜(智慧)라 합니다. 지혜(智慧)를 통하여 사물과 일의 이치를 바르게 알고 합리적으로 판단하여, 서로가 어울리는 조화(調和)로운 삶을 살아갈 수 있습니다.

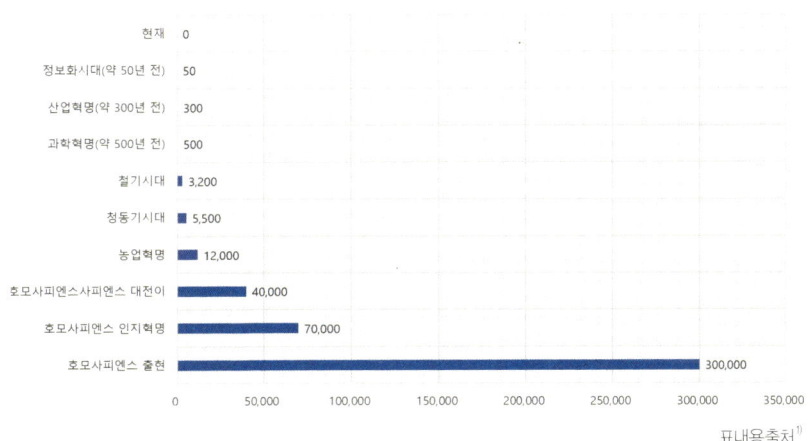

〈 현재부터 인류의 특정 변화 시점의 비교(단위: 년) 〉

표내용출처[1]

 인류의 사회적 변화 과정을 살펴보면, 새로운 사고방식과 새로운 유형의 언어로 의사소통을 할 수 있게 된 '호모 사피엔스 인지혁명' 이후, 보다 특징적인 변화가 더욱 가속화되어 지금의 사회수준까지 이르게 되었음을 알 수 있습니다. 적어도 인지혁명 이후의 인류는 우주나 자연을 지배하는 규칙을 발견하기 위해 시간과 노력을 기울인 것으로 보입니다.[2] 인류의 일부는 자연의 원리나 이치에 대해 탐구하고 이해하여 활용하는 체계적인 사고능력을 통해 과학, 철학, 종교 및 종교제도, 예술, 사회제도 등 다양한 학문과 기술의 발전을 이루어 나갔습니다. 이렇듯 형성되고 전해진 것들을 종합적으로 살펴보면, '지혜로운 생각'을 하는 사람들이 극소수라도 반드시 존재했다는 것을 알 수 있습니다. 그러면 우리도 소수의 그들처럼 우주와 자연의 원리를 탐구하고 이해한다면, 지혜로운 생각을 하는 것이 불가능하지 않습니다.

지혜로운 생각은 현대를 살아가는 우리에게 더 중요한 의미가 있습니다. 최근 사회 변화가 가속화되어 그 변화에 적응해야 하기에 정신적 부담감은 가중되고 일상에서 정신활동의 비율은 점차 늘어나는 추세입니다. 이런 상황에서 건강하게 살아가기 위해 무엇보다 정신적 스트레스에 대한 관리가 중요합니다. 정신적 스트레스는 생각에 따라 그 강도가 달라지는 특성을 갖고 있기 때문에[3], 우리가 지혜로운 생각을 하게 된다면 정신적 스트레스로부터 건강과 행복까지 모두 지키는 웰빙(well-being)이 가능할 것입니다.

지혜로운 사고(思考)는 무엇이고 그 방법은 무엇일까요?

이 책에서는 다양한 원리 중에 우주 혹은 자연의 원리인 진리대로 사고하는 것을 합리적 사고(合理的 思考)라고 정의합니다. 사전적 정의를 살펴보아도 합리적 사고는 도덕이나 진리의 근거와 같은 보편적 가치에 합당해야 하는 가장 적절한 해결책을 찾는 과정이라 합니다. 합리적 사고를 하기 위해서는 필연적으로 보편적인 진리나 법칙의 발견을 목적으로 한 체계적인 지식을 근거로 하는 과학적 사고(科學的 思考)가 먼저 필요합니다. 우리가 과학적 사고의 정의대로 우주나 자연에서 보편적인 진리나 원리를 더 깊이 탐구하여 이해해 나간다면, 과학적 사고로도 합리적 사고에 도달하여 결국엔 '지혜(智慧)로운 사고'를 할 수 있습니다.

물론 현재 과학 기계의 측정수준에 근거한 과학적 사고만으로는 우주나 자연의 원리를 다 이해하지 못하였기에 우리는 다양한 부작용을 겪고 있습니다. 이러한 한계에도 과학적 사고는 합리적 사고를 제대로 하기 위한 효율적인 수단이자 변화 과정이기에 우리는 합리적 사고를 하는 '지혜로운 사람'이 되기 위해서는 먼저 본능적, 감정적 사고를 넘어선 과학적 사고부터 시작할 수 있어야 합니다.

그럼 '과학적 사고'가 '합리적 사고'가 되는 과정과 방법에 대해 자세히 살펴보겠습니다.

1장 바른 과학적 사고와 합리적 원리와 원칙

과학적 방법(科學的 方法, scientific method)은 관심대상을 선택하고 관찰하고 측정하고 분석하고 정리하여 지식이나 앎을 형성하고, 이것을 개념화하고 체계화하여 법칙이나 이론을 만드는 과정들로 구성되어 있습니다. 각 과정 중에는 객관성, 반복성, 재현성이 검증되어야 합니다. 과학적 사고(思考)는 과학적 방법으로 형성된 지식(知識)과 앎(식, 識)을 근거로 한 사고(思考)를 뜻합니다. 여기서 앎(식, 識)은 모든 생각들이 나의 지식과 체험을 바탕으로 정리된 앎입니다.

지식 + 체험 = 앎(식, 識)

일상에서 중요하거나 신중한 판단을 하는 경우를 보면, 본능적 및 감정적 선택과 판단보다는 각자의 수준에서 과학적 방법과 사고(思考)를 사용하여 관찰, 비교, 분석 및 평가하여 나름대로 합리적 선택과 판단을 하려고 노력한다는 것을 알 수 있습니다.

그러나 과학적 방법에는 다음과 같은 오류가 존재합니다.

① 인식과정의 오류 : 기존에 갖고 있는 믿음이나 편견 때문에 관찰된 사실을 혼동하거나 잘못 인식할 수 있습니다.
② 측정의 오류 : 측정은 불확정성이 존재하므로 객관성, 반복성, 재현성을 평가해야 합니다.
③ 실험 자체의 한계 : 관찰, 가설의 설정, 측정, 분석, 정리, 이론화 과정은 실험자의 의식수준만큼 설계되고 진행되기 때문에 미리 설계한 부분만 관찰하고 측정하고 해석하게 됩니다. 실제 일어나는 모든 변수를 고려하여 측정하고 해석하는 데 한계가 있습니다.

위와 같은 오류 때문에 같은 현상에 대해서도 과학적 방법과 사고(思考)의 결과인 지식이나 앎이 다르고 발견한 원리와 원칙의 수준도 달라집니다. 이런 과학적 방법과 사고(思考)의 오류를 줄이고 발견한 원리와 원칙의 수준을 높이기 위해서는 측정기술의 발전뿐 아니라 실험자의 자연현상에 대한 인식 및 의식수준이 향상되어 '바른' 과학적 방법과 사고가 가능해야 합니다. '바른' 과학적 방법과 사고를 계속할수록 기존의 과학적 방법과 사고로 얻게 된 '객관성, 반복성, 재현성'을 갖는 지식과 앎을 넘어서는, '절대성, 보편성, 불변성'이라는 진리의 특성을 갖는 지식과 앎을 얻을 확률이 높아집니다. 이를 통해 과학적 사고는 보다 더 진리대로 사고하는 합리적 사고에 다가갈 수 있습니다.

2장 합리적으로 사고하는 지혜로운 존재

보통 수준의 선택이나 판단을 하면서 살아갈 경우에는 그에 맞는 수준의 지식과 앎을 기준으로 자기 삶의 원리나 원칙을 세우고 살아가도 큰 문제가 없습니다. 오히려 더 높은 수준의 지식이나 앎이 불필요하고 불편할 수도 있습니다. 아래 그림에서 살펴보면, 제3원리와 원칙을 갖는 사람이 삶에서 제3원리와 원칙과 관련된 상황에만 놓이게 되는 경우 살아가는 데 아무 문제가 없습니다. 굳이 어려운 상위의 제1원나 제2원리가 필요 없으며, 잘못 이해한 경우 오히려 하위 원리인 제3원리와 원칙까지 제대로 안 돌아가는 혼란스러운 경우가 발생할 수 있습니다.

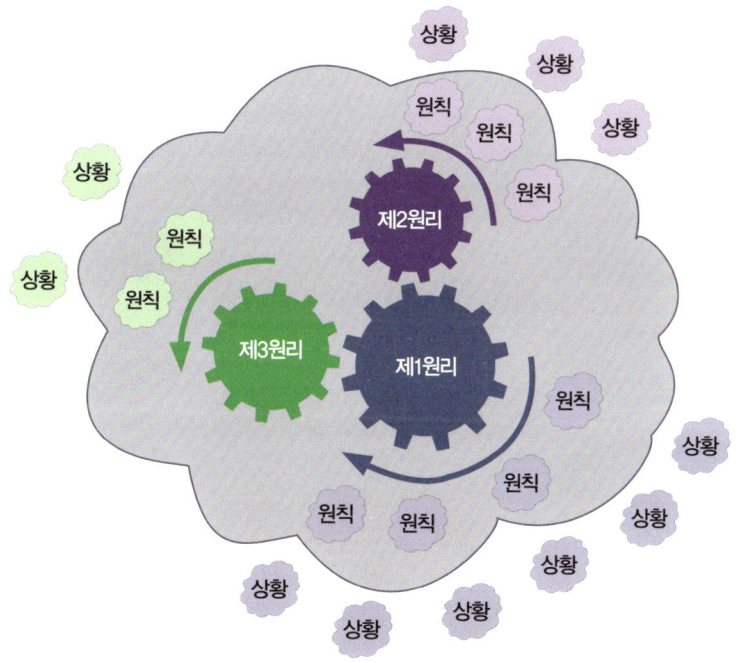

합리적 사고

그러나 자연의 원리대로 흘러가는 다양한 상황에서 중요한 선택이나 판단을 제대로 하면서 성공하기 위해서는 자연에 대한 바른 지식이나 앎을 근거로 한 원리와 원칙을 세우고 합리적 사고를 해야 합니다. 특히 현재의 나에게 최상위인 제1원리와 원칙이 '진리의 특성'을 갖출수록, 하위인 제2와 제3원리에 해당하는 다양한 상황에서도 합리적 선택과 판단이 가능합니다. 마치 수학이나 논리학에서 증명이 없이 자명한 진리로 인정되며, 다른 명제를 증명하는 데 전제가 되는 원리인 공리(公理)가 나의 제1원리가 되어가는 것입니다. 결국 삶의 기준이 되는 나의 원리 및 원칙이 진리에 가까울수록, 합리적 사고를 하는 지혜로운 존재가 되는 것입니다. 반면에 나의 원리 및 원칙이 아예 없거나 진리에서 멀어질수록, 비합리적인 선택과 판단을 하는 어리석은 존재가 되는 것입니다.

그럼 과학적 사고를 시작으로 지혜로운 존재가 되는 과정을 내 마음 안에 '생각의 실험실'을 만든 상황을 가정하여 설명해보겠습니다.

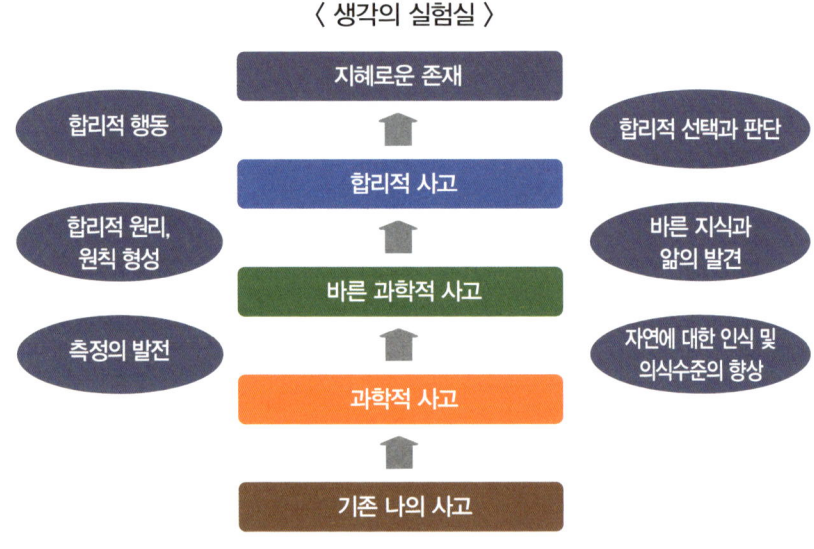

〈 생각의 실험실 〉

생각의 실험실에서는 과학실험을 하듯이 나의 사고를 관찰하고 검증해가며 과학적 사고에서 합리적 사고에까지 도달하는 과정이 진행됩니다.

첫째, 숨쉬듯 너무 익숙해서 그런 생각을 하고 있는지조차 인식하지 못하는 생각
둘째, 과학적 사고의 검증을 거치지 않고 받아들인 가치 판단 기준이 되는 생각(단순한 믿음, 무지, 오해, 사회적 통념 등)
셋째, 배워서 외우고 있는 지식을 이해했다고 착각한 생각

위에 해당하는 생각들이 많다는 것은 처음에는 문제점으로 보이지만 해결하면 나의 사고(思考)가 달라질 소중한 기회입니다. 새로운 과학적 사실이 발견되면 기존의 과학적 사실은 수정 및 폐기되는 것처럼, 진리라고 단순히 믿거나 잘못 알고 있는 생각 역시 같은 절차를 밟아야 합니다. 기존의 과학적 사고에서 바른 과학적 사고로 전환되어 합리적 사고를 하는 지혜로운 존재에 도달할 때까지, 생각의 실험실에서 비합리적인 생각들을 검증하고 바른 지식과 앎을 꾸준히 발견해 나가야 합니다. 이를 위해서는 측정수준의 발전과 함께 실험 주체의 자연에 대한 인식 및 의식수준의 향상이 병행되어야 합니다.

PART 2

철학적 사고

1장 운명(運命)과 숙명(宿命)
2장 성명정(性命精)
3장 운명(運命)의 원리
4장 나의 존재, 정체, 생명체
5장 영혼(靈魂), 마음(心), 정신(精神)
6장 인식(認識), 의식(意識), 생각
7장 관점(觀點)

철학적 사고

　지혜를 사랑하는 학문이란 뜻을 가진 철학(philosophy, 哲學)은 합리적으로 사고하는 지혜로운 존재가 되기 위해서는 당연히 배우고 익혀야 합니다. 과학적 사고와 철학적 사고의 만남은, 자연에 대한 인식과 의식수준의 향상을 이끌게 되면서 기존 과학적 사고의 한계로 인한 오류와 부작용을 효과적으로 줄일 수 있습니다. 그래서 우리가 아예 모르거나 잘못 알거나 애매하게 알던 철학적 주제들을 살펴보고 이해한다면, 인식 및 의식수준은 자연스럽게 향상될 것입니다. 이 책에서는 내용 전개에 필요한 철학적 주제들인 운명(運命), 성명정(性命精), 심기신(心氣身), 생명체(生命體), 존재(存在), 정체성(正體性), 영혼(靈魂), 정신(精神), 의식(意識), 생각과 사고(思考), 관점(觀點)에 대해 다룰 예정입니다.

　위에서 언급한 철학적 주제들을 그저 외우거나 단순히 믿는 것만으로는 나의 원리와 원칙을 바르게 형성하기 어렵습니다. 지식과 체험을 통하여 정리된 바른 앎이 있어야만 바른 나의 원리와 원칙이 형성되고 삶에서 그대로 실천하며 살아가도 아무런 문제가 없습니다. 위의 주제들은 실제 일어나고 있는 삶과 나 사이의 상호작용을 언어로 표현한 것입니다. 그렇기에 각 주제들에 대한 정의(定義)를 깊이 헤아려 앎을 형성한다면, 자연에 대한 인식과 의식수준이 향상되어 합리적인 원리와 원칙을 형성하는데 큰 도움이 될 것입니다. 이런 과정은 철저히 현재 나의 수준에서 시작하여 새로운 원리와 원칙을 세우고 실천하며 꾸준히 성장해 나가는 과정입니다. 당연히 '지금의 나'가 주체가 되어 학습하여 성장하는 것이지 다른 사람이 대신해 줄 수 없습니다.

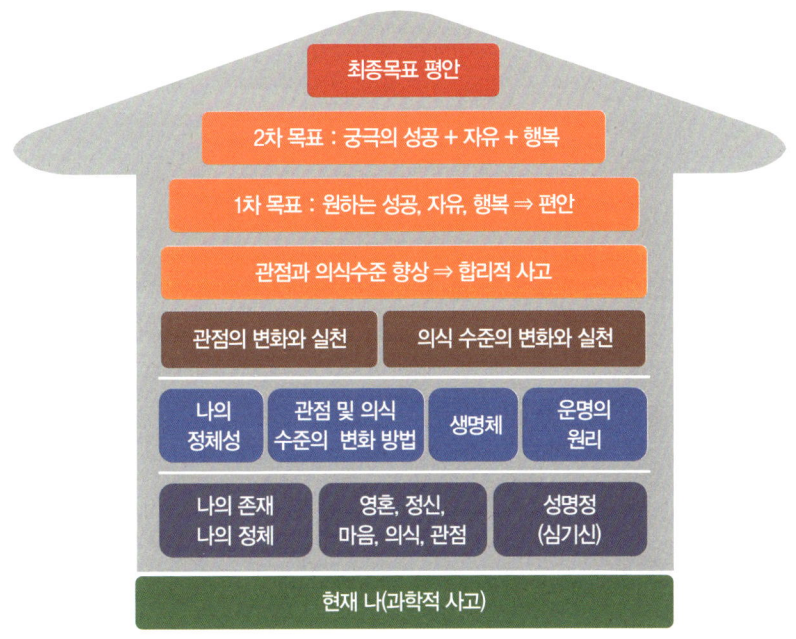

 탑의 기초가 튼튼해야 더 높이 쌓아 올릴 수 있는 것처럼, 각 주제들에 대해 단계별로 명확히 이해할수록 나의 원리와 원칙은 흔들림 없이 더 깊이 있게 꾸준히 성장합니다. 이러한 성장은 예상하지 못한 다양한 상황에서도 자연스럽고 안정된 삶을 살아가는 동시에 원하는 성공, 자유, 행복, 편안 등 삶의 목표를 이룰 확률을 높이게 됩니다. 반면에 삶에서 뭔가 불편하고 불행하거나 원하는 성공을 이루지 못한다면 각 단계의 주제들에 대한 명확한 이해가 부족한 건 아닌지 우선 살펴보고 점검하는 것이 필요합니다.

1장 운명(運命)과 숙명(宿命)

- **운명(運命)의 표준어국어대사전에 나오는 사전적 정의는 다음과 같습니다.**

1. 사람을 포함한 모든 것을 지배하는 초인간적인 힘. 또는 그것에 의하여 이미 정하여져 있는 목숨이나 처지.
2. 앞으로의 생사나 존망에 관한 처지.

> 【 이 책에서 사용하는 정의 】
> 운명은 '運 옮길 운'이란 한자 의미대로 '옮기거나 움직이는 변화할 수 있는 명'이라는 의미로 사용합니다.[4]

- **숙명(宿命)의 표준어국어대사전에 나오는 사전적 정의는 다음과 같습니다.**

날 때부터 타고난 정해진 운명. 또는 피할 수 없는 운명.

> 【 이 책에서 사용하는 정의 】
> 숙명은 '고정되어 변화할 수 없는 명'이라는 의미로 사용합니다.

운명과 숙명의 정의를 살펴보면, 둘 다 '모든 것을 지배하는 초인간적인 힘에 의해 정해진 것'이라는 공통점이 있음을 알 수 있습니다. 운명은 초인간적인 힘에 의해 정해진 대로 움직이기에 '변화 가능한 명'이고, 숙명은 초인간적인 힘에 의해 정해진 대로 고정되기에 '변화 불가능한 명'이라고 해석할 수 있습니다.

그럼 '세상과 나의 삶은 실제로 운명대로 혹은 숙명대로 흘러가는가?'하는 의문이 들게 됩니다. 숙명대로만 모든 것이 흘러간다면 자연의 원리에 의해 정해진

대로 싫든 좋든 순응하며 살아가는 방법밖에 없습니다. 다행히도 자연의 원리에 의해 정해진 명은 고정된 '숙명'과 움직이는 '운명'을 다 포함합니다.

고정된 명의 영역(숙명영역) + 움직이는 명의 영역(운명영역) = 명(命)

후성유전학(後成遺傳學, epigenetics)은 DNA의 염기 서열이 변화하지 않는 상태에서 유전자 발현의 조절이 가능하다는 유전학의 이론입니다. 동일한 유전자 구조를 가진 쌍둥이도 각기 다른 경험과 생활을 하면서 다른 질병을 앓게 되는 경우가 대표적입니다. 타고난 유전자는 고정 값이니 숙명영역에 해당하며 후성유전자의 발현은 운명영역에 해당한다 할 수 있을 것입니다.

신경가소성(神經可塑性, neuroplasticity)은 학습, 기억 등에 의해 신경세포 및 뉴런들이 환경에 적합하게 적응하여 뇌가 스스로 신경회로를 바꾸는 능력을 말합니다. 영국의 블랙 캡 택시 기사가 복잡한 런던의 도로와 랜드마크를 모두 외우고 운행을 하는 동안은 기억공간인 해마의 부피가 커졌다가 은퇴 후 다시 줄어든다는 연구가 대표적입니다.

숙명영역으로 생각되는 유전자나 신경세포의 고정 값보다 자유의지나 환경변화로 인한 운명영역이 더 클수록 결과값인 명(命)은 운명처럼 인식될 것입니다. 반대로 운명영역이 작아지고 숙명영역이 커지면 결과값인 명(命)은 숙명처럼 인식될 것입니다. 그러나 이런 인식과는 별도로, 자연의 관점에서 운명 혹은 숙명은 그저 자연의 원리대로 흘러가는 명(命)일 뿐입니다. 그래서 우리는 자연의 질서를 온전히 이해하기 전까지 숙명도 운명도 다 정확히 알기 어렵습니다.

다만, 결과값인 명(命)을 원하는 방향으로 바꾸기 위해서는

첫째, 고정된 명의 영역인 숙명영역을 이해하여 활용하고,
둘째, 움직이는 명의 영역인 운명영역을 변화시키기 위해
　　　지금, 최선의 노력을 해야 합니다.

2장 성명정(性命精)

이 책에서 운명은 '옮기거나 움직이는 명'이라는 정의를 사용하였으며, 운명을 더 이해하기 위해서는 '명'의 개념을 정확히 알아야 원하는 운명 변화를 더 효율적으로 일으키는 방법을 찾고 활용할 수 있습니다.

대종교의 계시경전(啓示經典)으로 삼은 '삼일신고(三一神誥)'에서 '삼일(三一)'은 '삼진귀일(三眞歸一)의 이치(理致)'를 이르며 '신고(神誥)'는 '신(神)이 전하는 말씀'을 뜻합니다.[5]

삼일신고에는 성(性)과 명(命)이 결합하면 정(精)을 이룬다는 성명정(性命精) 원리의 내용이 들어있습니다.

성(性) + 명(命) = 정(精)

- 성(性) = 천명 = 천(우주, 자연, 창조주)의 명령 = 천의 역할, 해야 할 일
  = 우주, 자연, 창조주의 원리
- 명(命) = 본질적인 성이 자신을 체험하고 실현해 나가는 의도 = 역할, 해야 할 일
- 정(精) = 명을 실현할 수 있는 체가 생긴 것 = 생명체 = 무형 및 유형의 만유(萬有)

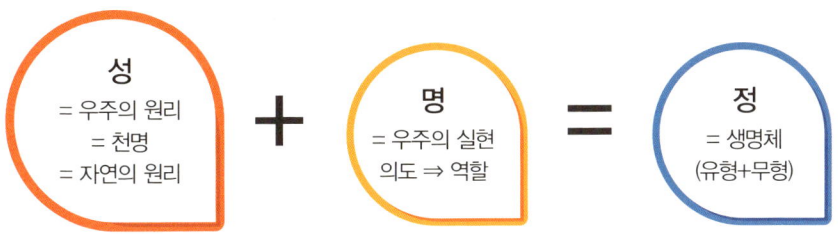

성명정 원리를 통해 명(命)의 본래 뜻과 운명의 원리를 살펴보겠습니다.

여기서 중요한 성(性)에 대한 개념은 사람을 포함한 만물의 본질을 뜻하며,[6] 유교(儒敎)경전 〈중용(中庸)〉에 다음과 같이 성에 대한 구체적인 내용이 나옵니다.

천명(天命, 우주의 원리, 우주의 역할)을 성(性)이라 한다. → 성(性)의 의미
솔성(率性, 성을 따름)을 도(道)라 한다. → 도(道)의 의미
수도(修道, 도를 닦음)를 교(敎)라 한다. → 교(敎)의 의미

성명정 원리에 우주를 대입해 보면 다음과 같습니다.

우주의 원리(성) + 우주의 실현 의도, 역할(명) = 우주(정)

우주의 원리와 우주의 실현 의도인 명이 결합하여 만들어진 유형 및 무형의 모든 존재(만유, 萬有)가 우주, 즉 자연(自然)인 것입니다. 이 책에서는 물질화 된 유형의 존재(만물, 萬物)와 비물질화 된 무형의 존재를 합한 모든 존재를 만유(萬有)라 합니다. 자연은 사전적 정의처럼 사람의 힘이 더해지지 아니하고 세상에 스스로 존재하거나 우주에 저절로 이루어지는 모든 존재나 상태를 의미합니다. 우리는 우주의 원리, 우주의 실현의도, 그리고 우주의 모든 존재를 다 알지 못하

며, 다만 매 순간 우주 안에서 존재하는 유형의 만유를 주로 사람의 감각기관을 통하여 제한된 인식과 체험을 하며 살아가고 있습니다.

성명정 원리에 나를 대입하여 살펴보면 다음과 같습니다.

우주의 원리(성) + 나의 역할(나의 명) = 나(정)

우주의 원리와 우주의 실현 의도에 의해 결정된 나의 역할에 따라서 만들어진 존재가 나(정精=생명체)인 것입니다. 그래서 내 안에는 우주의 원리인 전일성(全一性)과 나의 고유한 역할인 개체성(個體性)이 동시에 포함되어 있으며, 나의 역할인 명이 달라지면 생명체인 나도 달라지는 것입니다.

이 공식에 '각각의 만유(萬有)'를 대입하여 살펴보면 다음과 같습니다.

우주의 원리(성) + 각각의 만유의 역할(각 만유의 명) = 각각의 만유(정)

우주 안에 존재하는 각각의 만유에도 우주의 원리가 내재되어 있습니다. 그렇기에 프랙털(Fractal) 구조나 홀로그래피(Holography) 원리처럼 나를 포함한 만유에는 우주의 본성, 자연성, 신성으로 표현되는 우주의 원리인 성이 내재되어 있습니다. 하지만 각각의 개체마다 역할에 따른 개체성이 달라서, 즉 가지고 태어난 명이 달라서 각기 다른 존재가 된 것입니다. 점점 개체성에 집중되어 살아가다 보면, 전일성을 잊고 개체성에 치우친 관점을 갖게 되면서, 성명정(性命精)을 심기신(心氣身)으로 인식하게 됩니다.

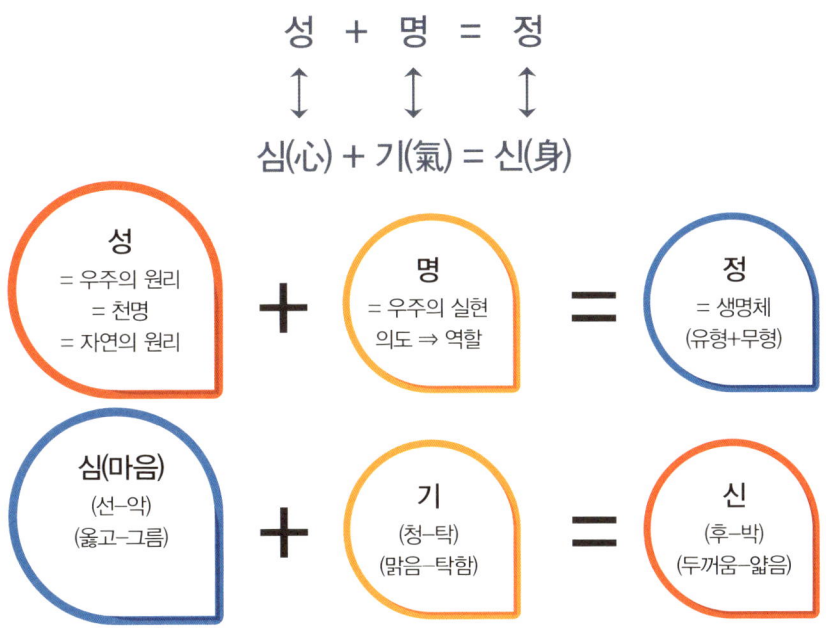

    개체성에만 치우쳐 세상을 왜곡하여 인식하면서, 성은 마음으로 바뀌어 선악(善惡), 옳고 그름을 왜곡하여 분별(分別)하게 됩니다. 명은 기로 바뀌어 청탁(淸濁, 맑고 탁함), 즉 역할에 대해 유리한지 불리한지를 판단하여 좋고 나쁨을 왜곡하여 분별하게 됩니다. 정은 신으로 바뀌어 후박(厚薄, 두꺼움과 얇음), 즉 존재에 대해 넉넉한지 부족한지를 왜곡하여 분별하게 됩니다. 이런 경우 개체 안에 내재된 '성'은 '마음'으로 바뀌면서, 개체는 그 '마음'을 근거로 왜곡된 삶을 살아갑니다. 반대로 모든 문제의 원인인 '전일성을 잊고 개체성에만 치우친 인식'에서 벗어날수록, 개체는 세상을 심기신(心氣身)에서 다시 성명정(性命精)으로 인식하며 사는 존재가 됩니다. 개체 안에 내재된 '마음'은 다시 '성'으로 바뀌면서, 개체는 그 '성'을 근거로 바른 삶을 살아갑니다. 전일성을 바탕으로 개체성을 유지하기 위한 바른 인식과 판단을 하게 됩니다. 마음대로 사는 삶에서 나아가, 우주나 자연의 원리대로 사는 자연스러운 삶을 사는 것입니다.

그림과 같이 왜곡된 개체적 인식에서 벗어나 전일적 인식을 회복하게 될수록 마음에서 본래의 성이 점점 더 드러나게 됩니다. 예를 들면, 거울 위에 먼지가 부옇게 쌓여 거울 속이 잘 안 보이다가 그 먼지가 점점 사라질수록 거울 속이 점점 잘 보이는 것과 같습니다.

성(性)이라는 한자어는 心(마음 심)자와 生(날 생)자가 합쳐져 마음이 생긴 곳 혹은 마음의 근원 이란 의미를 담고 있음을 알 수 있습니다. 여기서 성을 마음이나 의식이란 단어로 표현한다면, 본래의 마음=우주마음=일심(一心)=양심(良心)=순수의식(純粹意識)이라 할 수 있습니다.

전일적 인식을 잊고 개체적 인식에만 치우치게 되면, 특정 역할은 개체를 기준으로 좋은기(청기) 혹은 나쁜기(탁기)로 나누어 인식됩니다. 즉, 나에게만 유리한 물질이나 상황을 갖게 하는 역할은 나에게 '좋은 역할'이며 '좋은기(청기)'라고 합니다. 예를 들면, 나에게만 좋은 재물기, 나를 포함한 가족에게만 좋은 재물기, 나를 포함한 국가에게만 좋은 재물기를 인식합니다. 전일적 인식을 완전히 회복하면, 나를 포함한 우주에게만 좋은 혹은 나쁜 재물기는 사라지면서 우주의 원리대로 흘러가는 재물명이 됩니다.

특정한 명 ⇒ 특정 개체에게만 유리한 역할 = 좋은기(청기)
특정한 명 ⇒ 특정 개체에게만 불리한 역할 = 나쁜기(탁기)

우주의 관점에서 볼 때 우주의 원리대로 형성된 개체의 역할에는 원래 좋고 나쁜 것이 없이 각자의 귀중한 역할이 생긴 것입니다. 이런 우주적 인식을 기반으로 개체적 인식을 한다면, 우주의 원리에 일치하는 합리적인 방법을 사용할 수 있고 최소작용의 원리(principle of least action)에 의하여 효율성이 극대화됩니다. 이런 경우에 우리는 합리적인 동시에 효율적인 인식과 판단이 가능합니다. 삶에서 자연스럽고 합리적으로 인식하고 판단하고 행동하게 되면 불필요한 마음의 갈등은 줄어듭니다. 나의 내적-외적 자원을 원하는 운명 변화에 효율적으로 사용하게 되어 성공 확률을 높이고 더 자유롭고 행복한 운명으로 변화하기가 한층 더 쉬워집니다 그러나 우주적 인식을 잊고 개체적 인식에만 치우쳐 개체에게만 좋고 나쁜 것을 판단을 한다면, 우주의 구성원으로서 자신의 역할을 잊은 채 비합리적이며 비효율적인 인식과 판단을 하기 쉽습니다.

나는 우주의 구성원으로 나의 역할을 갖는 생명체로서 태어났습니다. 지금의 나와 주변상황은 나의 명대로 실현된 결과입니다. 그래서 명이 달라지면 현재 나의 상태, 처지, 역할은 당연히 달라집니다. 그리고 만약 유형의 존재로서 나의 명이 끝나면 육체적 죽음을 맞이하게 됩니다. 따라서 나의 명에 대해 알아가는 과정은 나의 탄생부터 삶 그리고 죽음에 대해 올바르게 이해하는 과정과 서로 맞물려 있습니다.

"자신을 성과 명으로 이루어진 생명체로 보는 사람은 참을 보는 자이니 행복하고 편안하고 자유롭고, 자신을 심과 기로 이루어진 생물로 보는 사람은 거짓을 보는 자이니 불행하고 불안하며 부자유스럽다."[7]

3장 운명(運命)의 원리

사람, 국가, 기업 등의 명(命)을 알아 내는 것을 추명(推命)이라 합니다. 그 방법에는 사주명리학, 점성학, 주역, 풍수지리, 타로카드, 관상 등이 있습니다. 명(命)이 사람들에게는 기(氣)로 보이기 때문에 현실적인 측정 대상은 기(氣)가 됩니다. 이 책에서는 추명(推命)하는 다양한 방법 중에 삼재(三才)론 개념을 통한 운명의 원리에 대해 알아보겠습니다.[8] 삼재(三才)론은 사람이 우주의 주재라는 인본사상(人本思想)[9]에 근거한 원리입니다. 사람을 중심으로 일(한자 '一'=하나=우주=자연)을 나누어 살펴보면 세(三)가지 요소인 천지인[하늘(天), 땅(地), 사람(人)]으로 이루어졌다고 하여 사람의 위치를 천지와 대등한 수준으로 보는 사상적 배경을 갖고 있습니다.[10] 일(一)은 하늘+땅+사람으로 나누어 이루어졌으며, 반대로 이 세가지 요소가 합치면 다시 일(一)이 되는 원리입니다.

● 삼재(三才)론

일(一)=우주=자연을 셋으로 나누면   하늘+땅+사람
하늘+땅+사람을 합치면   일(一)=우주=자연

성명정 원리에 따라, 미혹(迷惑)된 사람에겐 명이 기로 인식되는 것이므로 그 사람의 인식수준에선 명(命)에 상응하는 기(氣)를 알아야 추명(推命)을 할 수 있습니다. 불교에서 미(迷)는 사리(事理)를 잘못 아는 것, 혹(惑)은 사리(事理)를 분명히 알지 못하는 것으로 결국 미혹은 마음이 무명에 가려져 번뇌 망상이 일어나고 사리에 어두운 것을 의미합니다.[11]

삼재론과 성명정 원리가 결합하면 다음과 같습니다.

일(우주)명 = 하늘의 명 + 땅의 명 + 사람의 명
↕   명(命)을 청탁(淸濁)이 있는 기(氣)로 인식
일(우주)기 = 하늘의 기 + 땅의 기 + 사람의 기

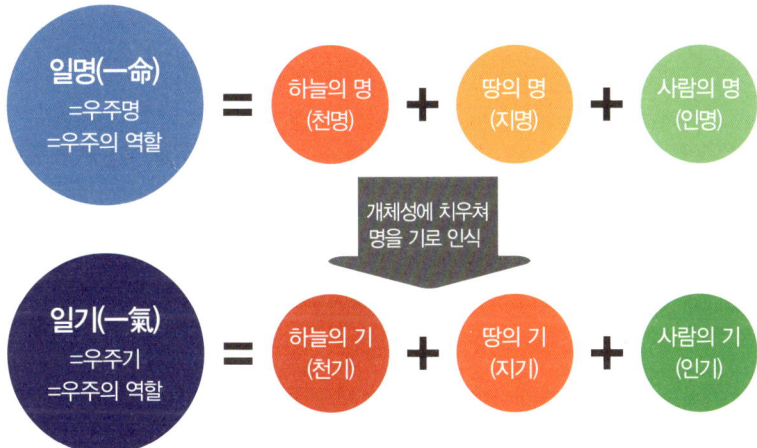

이렇게 세 요소로 나누어 살펴보게 됩니다. 물론 우주의 관점에서 사람과 땅의 원리는 하늘의 원리와 비교하면 극히 작은 부분처럼 보일 수 있습니다. 그렇지만 개체의 관점에서는 사람과 땅의 원리에 의한 영향력도 크게 작용하기 때문에 개체의 운명에 대해 이해하고 변화하기 위해서는 고려해야 할 중요한 요소가 됩니다. 이 책에서는 '하나(一)'를 의미하는 우주(天)는 삼재론의 하늘(天)과는 다른 의미를 갖습니다. 삼재론에서의 하늘(天)은 우주(天)에서 사람의 명과 땅의 명을 뺀 남은 명입니다.

우주의 구성원인 나의 명(命)도 세가지 기(氣)로 나누면 다음과 같습니다.

나의 명 중 하늘의 명 = 나에게만 청탁(淸濁)이 있는 하늘의 기(나의 천기)
나의 명 중 사람의 명 = 나에게만 청탁(淸濁)이 있는 사람의 기(나의 인기)
나의 명 중 땅의 명 = 나에게만 청탁(淸濁)이 있는 땅의 기(나의 지기)

개체에게만 좋고 유리한 역할은 좋은기(청기淸氣, 생기生氣)라 하고, 좋은기가 증가할수록 운명이 개체에게만 유리한 방향으로 흐릅니다. 개체에게만 나쁘고 불리한 역할은 나쁜기(탁기濁氣, 살기殺氣)라 하고, 나쁜기가 증가할수록 운명이 개체에게만 불리한 방향으로 흐릅니다.

(1) 나의 천기(天氣)

나의 천기는 우주의 구성원으로서 갖는 나의 명(命)에 포함된, 주로 하늘과 관련된 상황이나 역할입니다. 태어나면서 생긴 나의 인생 경향과 추세를 포함하고 있습니다. 따라서 나의 운명에서 나의 천기는 고정된 명(命)의 영역으로 명(命)의 기본값처럼 작용하기에 나의 마음대로 조절할 수 없는 숙명처럼 보입니다. 또한 나의 천기를 완전히 알기는 어렵습니다. 다만 명리학, 점성학 등으로 대략적으로 추명(推命)합니다. 이러한 결과들은 하늘의 움직임과 나의 인생 경향과 추세를 이해하고 어려움에 대처하는 데 제한적으로 활용될 수 있습니다. 나의 운명은 나의 명의 합으로 결정되는 것이니, 나의 천기만을 단편적으로 아는 것만으로는 전체적인 나의 명을 설명할 수 없습니다.

만약, 우주의 원리에 근거한 인연(因緣)에 의해 자신이 살고자 하는 의도(명命)대로 선택하여 태어난다고 한다면, 현재의 삶은 우연적이고 수동적으로 주어지는 것이 아니라 스스로의 능동적 선택에 의한 주도적인 삶이 됩니다.[12]

(2) 나의 지기(地氣)

지기는 나와 영향을 주고받는 땅의 상황이나 역할입니다. 천기와는 달리 우리가 선택할 수 있는, 움직이는 명(命)의 영역에 해당하며, 살아 있는 동안 지속적으로 영향을 받습니다. 그러나 사는 곳이나 생활환경을 매번 바꿀 수는 없기 때문에 상황에 따라서 일종의 고정된 명(命)의 영역처럼 작용하기도 합니다. 태어나면서부터 영향을 받기에 이사할 때, 일할 때, 특정 장소에 머무를 때 신중한 검토가 필요합니다. 풍수지리에서는 산 사람을 양(陽), 죽은 사람을 음(陰)이라 하여, 그 주거지를 각각 양택(陽宅)·음택(陰宅)으로 구분합니다.[13]

$$\text{나의 지기(地氣) = 음택의 지기(地氣) + 양택의 지기(地氣)}$$

● **음택(陰宅)의 지기**

나에게 영향력이 큰 조상이 받는 무덤의 지기를 뜻합니다.

같은 조상이라도 각각의 자손과 동기감응(同氣感應)하는 정도에 따라 영향력이 다르게 나타납니다. 조상의 묘를 쓸 때 발복하는 장소인 명당을 찾아 쓰는 것도 음택의 지기를 높이는 방법입니다.

● 양택(陽宅)의 지기

지금 내가 사는 장소에 의한 공간에너지에 의한 영향입니다. 지금 살고 있는 집, 사무실, 가게 등 내가 오래 머무는 곳의 분위기 및 다양한 지기(수맥 등 땅의 미약에너지), 머무는 곳의 내부 및 외부 공간에너지, 건축 및 인테리어 재료, 기후적, 지리적 및 지질적 땅의 환경 등을 포함합니다.

특정 지기의 종류, 청탁(淸濁)의 증감, 머무는 노출 기간, 특정 지기에 대한 나의 적합도에 따라 나의 지기는 달라질 수 있습니다. 예를 들면, 현재 나의 일하는 공간 안에 있는 건강 관련된 지기가 낮아지는 특정 장소에서 일할 때마다 나의 집중력이나 체력이 더 약화되어 실수가 잦아지기도 합니다. 또한 사람마다 적합도가 같지 않기에 지기의 영향력이 달라지기도 합니다. 동일한 수맥일지라도 A란 사람은 상대적으로 큰 영향이 없는 반면, B란 사람은 잠깐 머물더라도 큰 영향을 받는 경우가 생깁니다.

어떤 장소에 가면 일이 잘 되거나, 마음을 안정시키기 쉬워지는 것처럼 특정 결과에 도움되는 지기가 있는 장소나 지역이 존재합니다. 주위 공간도 지기에 해당되기 때문에 우리는 일상에서 생각보다 많은 영향을 받으며 살고 있습니다. 따라서 풍수적인 환경과 조건이 부족할 때, 풍수적인 조화를 이루기 위한 비보풍수(裨補風水)[14]에서는 지기의 영향을 측정하고 개선하기 위한 다양한 지기 개선 처방들이 전해집니다.[15]

(3) 나의 인기(人氣)

나의 인기는 나를 포함한 주위 사람들이나 조직과 관련된 상황이나 역할입니다. 환경적으론 부모, 혈연, 지연, 학연이나 사람이 만든 단체나 조직, 사회, 국가도 포함되며, 외적으론 외모, 말이나 행동, 육체적 건강이 포함되며, 내적으론 타고난 유전적 방향성, 타고난 성품, 성격, 자유의지, 노력이 포함됩니다. 나의 인기는 '움직이는 명의 영역'에 가장 중요한 부분입니다. 나의 자유의지에 따라 뜻을 세워 지속적으로 실천함으로써 나의 인기청기(淸氣)를 지속적으로 증가시킨다면, 운명의 변화를 뜻하는 방향으로 이끌 수 있습니다.

(4) 운명의 세부 주제들

자신의 명(命) 중에는 재물(財物), 명예, 결혼, 건강, 수명(壽命) 등 다양한 주제들이 존재합니다. 다양한 주제들 중에 평소에 관심을 갖고 있는 주제들이 있을 것입니다. 각각의 주제들에 대한 운명을 알기 위해서는 각각의 천기, 지기, 인기를 합하여 추명(推命)하게 됩니다.

재물(財物)을 추명의 주제로 설정하여 설명하면, 다음과 같습니다.

성명정의 관점에서 재물운명은 좋고 나쁜 판단이 포함된 재물운기 혹은 재물기로 인식되고 측정되기 때문에, 나의 재물운명을 알기 위해서는 나의 재물운기에 속한 천기, 지기, 인기를 합하여 추명해야 합니다.

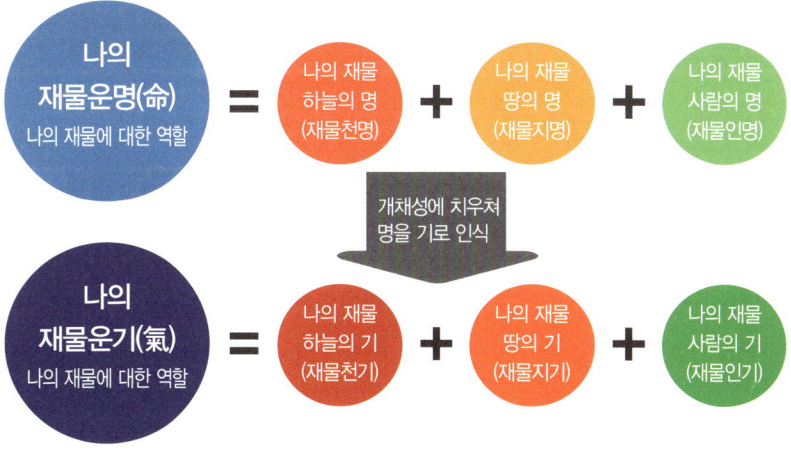

이 경우에도 나의 재물운기를 높이는 방법은 나의 재물천기 중 청기(淸氣)가 상대적으로 높은 시기인지 살펴보고 활용 방안을 판단하고, 나의 재물지기를 좋게 하기 위하여 재물지기의 청기(淸氣)가 많은 지역이나 장소로 이동하여 머물거나 활동하며, 나의 재물인기를 좋게 하기 위하여 재물인기의 청기(淸氣)가 많은 주변 인물, 단체, 사회, 국가에 속하여 활동하는 방법도 있고, 스스로 재물 관련 공부(강의, 인맥, 독서, 투자 등)를 통하여 앎의 수준을 높이고 실천하고 습관화하는 방법이 있습니다. 동시에 나의 역할인 명(命)에 대한 바르게 인식하고 이해하는 것은 선순환으로 작용하여 나의 재물운명을 효율적으로 변화시킵니다. 다른 주제 역시 위와 같은 방법으로 각 주제별 운명 변화를 일으킬 수 있습니다.

4장 나의 존재, 정체, 생명체

(1) 나의 존재와 존재 특성을 알아보기

본질이나 객체의 외면에 나타난 상으로 사람이 지각할 수 있는 현상(現象)과 현재 실제로 존재하는 사실이나 상태인 현실(現實)은 사전적 정의부터 그 의미가 다릅니다. 나는 현실(現實)의 삶에서 행위하는 주체이자 현상(現象)을 인식하는 주체로서 존재하고 살아가고 있습니다. 따라서 육체적 감각 및 과학 기계 측정의 범위를 벗어난 현실(現實) 인식에는 한계가 있습니다. 이때 감각 및 측정 범위가 확장되거나 기존 자료나 정보에 대한 새로운 해석을 한다면, 현실에 대한 인식이 확장됩니다. 따라서 현재 자신의 인식 범위 밖의 현실을 비현실로 취급하여 '아니다, 없다'라고 단정하기보단 미지의 탐구 영역으로 '모른다'라고 인식하는 자세가 필요합니다. 이런 현실에 대한 인식의 확장 과정은 나의 존재에 대한 탐구에서도 똑같이 적용됩니다. 나의 존재를 인식하기 위해서는 먼저 인식가능한 나의 존재 특성들을 탐구하고 종합적으로 다시 해석하는 과정이 필요합니다.

현실에서 내가 존재하는 것을 언제 알 수 있을까요?
나의 육체 및 마음의 활동이나 흐름을 감각으로 느끼거나 알아차릴 때, 실제로 있다고 생각하는 느낌인 나의 존재감(存在感)이 생깁니다. 거울이나 사진으로 나를 볼 때, 음악을 들을 때, 향기로운 냄새를 맡을 때, 음식의 맛을 느낄 때, 피부에 물체가 닿는 감각을 느낄 때, 정서를 느낄 때, 생각을 하고 있을 때 등입니다.

나의 존재감은 다음과 같이 행위자적 존재감과 관찰자적 존재감으로 나눌 수 있습니다.

● 행위자적 존재감
감각을 느끼고, 생각하고, 행동하고 있는 나라는 존재를 느끼고 알아차리고 있는 '삶의 행위자'로서 존재하는 경우입니다.

● 관찰자적 존재감
감각을 느끼고, 생각하고, 행동하고 있는 나를 하나의 관찰 대상으로 알아차리고 있는 '삶의 관찰자'로서 존재하는 경우입니다.

존재론에 대한 데카르트 명언을 두 가지 경우로 살펴보면 다음과 같습니다.

> "나는 생각한다, 고로 존재한다."
> - 생각하는 '나'가 존재 = 행위자적 존재
> - 생각하고 있는 나의 존재를 관찰하여 알아차리는 '나'가 존재 = 관찰자적 존재

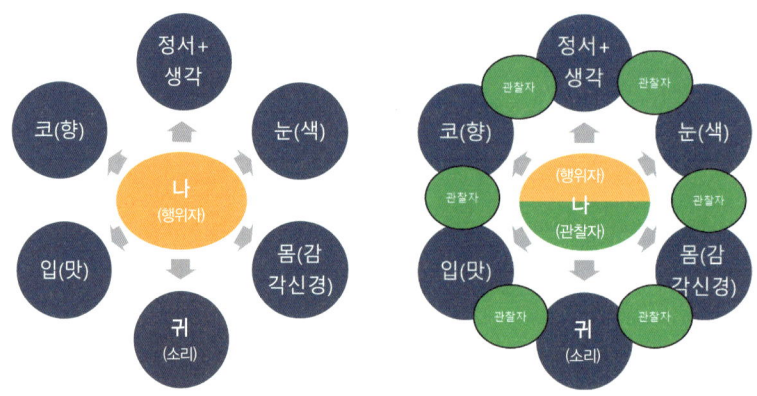

　삶에서 반복된 규칙성을 가진 육체적-마음적 활동이나 흐름을 인식하고 해석하게 되면서 '알고 있는 나'의 존재 특성이 생깁니다. 대개의 경우 나의 육체적 특성으로 나의 유전적 특성이나 체질 등을 알게 되고, 마음적 특성으로 나의 행동 습관 및 성격 등을 알게 됩니다. 그리고 나의 규칙적인 활동이나 흐름을 내가 느끼거나 알아차리지 못하면 그것들은 '모르고 있는 나'의 존재 특성이 됩니다. 결국 행위자 혹은 관찰자로서 인식하고 해석하는 과정에 의해서 다양한 종류의 '알고 있는 나'의 존재 특성이 형성됩니다. 사실은 나의 인식과 상관없이 언제나 나의 존재는 스스로의 존재 특성대로 살고 있고 그 특성 중 일부를 내가 인식하는 것일 뿐입니다.

> 나의 존재를 인식의 관점으로 살펴보면 다음과 같습니다.
> - 알고 있는 나 = '알고 있는 나'의 존재 특성
> - 모르고 있는 나 = '모르고 있는 나'의 존재 특성

보통의 인식수준에서는 주로 '알고 있는 나'의 존재 특성들만을 종합하여 '알고 있는 나'라고 규정하며 살게 됩니다. 이렇게 규정된 '알고 있는 나'는 '모르고 있는 나'의 존재 특성은 포함되지 않기 때문에, 모든 나의 존재 특성이 포함될 수 없습니다. 따라서 보통의 인식수준에서는 본래 나의 존재를 바르게 인식하고 규정하고 살아가기에는 한계가 있기 마련입니다. 이런 점이 불완전하고 정확하지 않은 채로 나의 존재가 규정되는 이유입니다. 그래서 내가 '알고 있는 나'의 육체 및 마음의 특성들은 나의 일부분에 불과하며, '모르고 있는 나'의 존재 특성들이 여전히 남아있다는 전제를 하고 나의 존재에 대한 탐구를 시작해야 합니다.

(2) 정체와 정체성에 대해 알아보기

실제 나에 대해 내가 다 바르게 아는 것이 가능할까요?

인식의 관점에서 나의 모든 존재 특성들은 '알고 있는 나'의 존재 특성들과 '모르고 있는 나'의 존재 특성들의 총합입니다. 여기서 인식이나 해석(解釋) 과정에서 오류나 왜곡이 발생한 경우에는 '잘못 알고 있는 나'의 존재 특성이 포함됩니다. '잘못 아는 나'의 존재 특성은 없어지고, '모르는 나'의 존재 특성은 모두 바르게 알게 된다면, 나에 대해 다 바르게 아는 상태가 됩니다. 나의 본질을 인식하는 상태이며, 이때 나의 존재는 나의 본체(本體) 혹은 정체(正體)로, 나의 존재 특성은 나의 정체성으로 전환됩니다. 이 책에선 정체(正體)를 '참된 본래의 형태'

란 뜻으로 사용하며, 그 정체의 성질 혹은 특성을 정체성(正體性)이라 합니다. 정체를 알기 위해서는 정체의 특성인 정체성을 탐구대상으로 하게 됩니다. 나의 정체는 참된 혹은 본래 존재라는 의미에서 대아(大我), 진아(眞我), 본래 성품을 회복한 자기 자신과 같습니다.[16]

나의 존재 특성 ⇒ 나의 본질을 인식 ⇒ **나의 정체성**
나의 존재　　　⇒ 나의 본체를 인식 ⇒ **나의 정체**

> 나의 정체를 인식의 관점으로 살펴보면 다음과 같습니다.
> - 알고 있는 나의 정체
>   = 알고 있는 나의 정체성 + 잘못 알고 있는 나의 정체성
> - 모르고 있는 나의 정체 = 모르고 있는 나의 정체성

나를 본질적으로 알기 위해서는 존재와 존재의 특성을 탐구하는 과정은 정체와 정체성을 탐구하는 과정으로 전환되어야 합니다. 정체와 정체성을 탐구하는 과정의 특징은 단순히 존재의 특성을 아는 것을 넘어서 존재의 본질을 정확하게 아는 것입니다.

나의 정체성에 대해 바르게 아는 것이 왜 중요할까요?
① 나의 존재감(存在感), 자신감(自信感), 자존감(自尊感)의 증가와 깊은 관련이 있습니다. '알고 있는 나의 정체성'이 삶에서 더 자주 드러날수록 나의 본질적인 존재감을 더 자주 느끼거나 알아차리게 됩니다. 나의 정체성에 근거하여 나타

난 습관적인 생각과 행동을 알고 조절할 수 있기 때문에, 나에 대한 불안감이 줄어들며 신뢰감을 갖게 됩니다. 나의 정체성에 근거한 바른 가치관으로 나를 소중히 여기고 존중하는 마음, 즉 자아존중이 증가합니다.

② 나를 본질적으로 인식하여 '알고 있는 나의 정체성'이 형성되기 때문에, 인지부조화(cognitive dissonance)가 줄어듭니다. 인지부조화는 자신의 태도와 행동이 일관되지 않고 모순되어 양립할 수 없는 상태이며, 두 가지 이상의 반대되는 믿음, 생각, 가치를 동시에 지닐 때 또는 기존에 가지고 있던 것과 반대되는 새로운 정보를 접했을 때 받는 정신적 스트레스나 불편한 경험을 말합니다.[17] 본질적인 존재 특성을 기반으로 나타난 태도와 행동은 일관적으로 나타나기 때문에, 정체성을 바르게 인식하는 상태에서는 모순되어 양립할 수 없는 인지부조화에서 오는 불편함은 줄어들고 심리적 안정감을 갖게 됩니다. 그러나 '잘못 알고 있는 나의 정체성'과 '모르고 있는 나의 정체성'으로 인한 인지부조화는 완전히 사라지지 않고 여전히 남아 있기에, 이를 해결하기 위해서는 나의 정체성 전부를 바르게 인식하는 상태에 도달해야 합니다.

③ 정체성을 아는 것은 자아실현을 위한 필수적인 조건입니다. 정체성은 '나는 무엇을 하고 싶거나 혹은 해야 할지' 하는 삶의 방향성을 명확히 알게 합니다. 다양한 상황마다 나의 가치관대로 명확한 인식과 판단을 할 수 있도록 하고, 흔들림 없이 진짜 나의 삶을 살아가게 하는 자아실현의 근거가 됩니다. 따라서 삶에서 부정적인 방향으로 흐르던 육체적-정신적 에너지를 긍정적인 방향으로 전환하는 효과가 있습니다.

(3) 나의 정체에 대한 다양한 정의

다음에는 나의 존재에 대한 다양한 정의 중에서 나의 정체에 대한 정의로 적합한 것을 살펴보겠습니다.

> 나의 정체
> = 생명체(生命體) : 명(命)이 생긴(生) 유형 및 무형의 체(體)
> = 성(性) + 나의 명(命) = 나의 정(精)
> = 만유(萬有) 중 한 존재
> = 영혼(영성과 혼성을 동시에 지닌 나의 근원적 존재)
> = 나의 육체(물질화 된 체와 물질화 되지 않은 체)[18]
>   + 나의 마음(영성+혼성)
> = 나의 육체 + 나의 마음 작용 + 나의 마음 + 우주의 마음
> ≒ 육체 + 정신(사람에서 육체와 대립되는 내적인 생명활동의 주체)

다음에는 나의 존재에 대한 다양한 정의 중 정체의 정의로 부적합한 것을 살펴보겠습니다.

> ≠ 생물체(生物體) : 생명(生命)을 가지고 스스로 생활 현상을 유지하여 나가는 물체. 본래 만유는 유형 및 무형의 모든 것을 의미하며 유형의 물체로만 보는 치우친 관점
> ≠ 육체 + 의식
>   마음(의식+무의식)과 마음작용의 일부인 의식과 의식작용을 정체로 보는 치우친 관점

나는 성(性)과 나의 명(命)이 결합한 정(精)으로 만유 중 한 존재입니다. 생명이란 단어를 한자 뜻대로 풀어보면 명(命)이 생긴(生) 상태이므로, 생명체는 명이 생긴 체(體)로 그 명(命)대로 생명체의 삶이 결정됩니다. 명(命)을 통해서 생명체의 존재 이유와 방향성을 알 수 있고, 생명체의 현재 상황이나 처지를 바르게 인식하고 해석할 수 있습니다. 따라서 나의 정체를 생명체로 보는 관점은 **정체-정체성-운명-삶**과의 연관성을 이해하는데 중요합니다. 나의 정체에 대한 다른 정의들이 맞는지 판단하기 위해서는 먼저 영혼, 마음, 정신, 의식에 대한 개념이 필요하니 해당주제에 대해 더 알아보겠습니다.

5장 영혼(靈魂), 마음(心), 정신(精神)

앞으로 이 책에서 사용할 단어의 의미들을 정리해보겠습니다.

(1) 영혼(靈魂)

표준어국어대사전에 나오는 영혼의 사전적 정의는 다음과 같습니다.

- **영혼(靈魂)**
 1. 죽은 사람의 넋
 2. 육체에 깃들어 마음의 작용을 맡고 생명을 부여한다고 여겨지는 비물질적 실체
 3. [가톨릭] 신령하여 불사불멸하는 정신
 4. [불교] 육체 밖에 따로 있다고 생각되는 정신적 실체

영혼의 정의는 다양하며 그 정의에 따라 사람의 정체와 정체성이 확연히 달라집니다.

> 【 이 책에서 사용하는 정의 】
>
> - **사람의 영(靈, spiirt)**
> - 정의 : 우주의 원리인 전일성을 그대로 갖고 있는 사람의 근원적 존재.
> - 특성 : 영(靈)의 특성을 영성(靈性)이라 함. 우주의 마음, 전일성
> - 영(靈)적 : 영(靈)을 추구하거나 다가가는 상태
> - 영(靈)의 수준인 사람 : 궁극에 깨달은 자, 전일성을 완전히 회복한 사람, 있는 그대로 보는 사람, 최고 합리적이며 지혜로운 자, 성명정으로 인식하는 자 등
>
> - **사람의 혼(魂, soul)**
> - 정의 : 원래 영인 존재이나 전일성을 잊고 개체성에 치우친 사람의 근원적 존재.
> - 특성 : 혼(魂)의 특성을 혼성(魂性)이라 함. 미혹(迷惑)된 사람의 마음, 개체성에 치우친 사람의 마음
> - 혼(魂)적 : 혼(魂)을 추구하거나 다가가는 상태
> - 혼(魂)의 수준인 사람 : 전일성을 잊고 개체성에만 치우진 자, 개체성에만 근거한 편견에 치우친 사람, 왜곡된 선악으로 분별하는 자, 심기신으로 인식하는 사람 등

영(靈)은 우주의 본체로서 모든 만물 혹은 만유를 통해 실행하며 만유 안에 내재되어 있습니다. 영이라는 존재 안에 내재된 전일성을 영성, 신성, 불성, 자성

이라 합니다.[19] 성명정의 원리에 의한 전일성과 사람의 개체성에 의해 형성된 존재가 사람의 영입니다. 이런 사람의 영이 사람의 개체성에 치우친 마음을 갖게 되면서 내재된 전일성을 완전히 잊은 존재가 사람의 혼(魂)입니다. 즉 사람의 혼은 자신이 본래 영임을 완전히 잊어버린 존재입니다.

   사람의 혼이 전일성에 대한 인식이 커질수록 영적 존재가 되며, 전일성을 잊고 개체성에만 치우칠수록 혼적 존재가 됩니다. 사람의 혼은 언제나 사람의 영을 본바탕으로 존재하기 때문에 사람의 영과 혼은 동일체이며, 이런 의미에서 사람의 영과 혼을 합하여 사람의 영혼이라고 정의합니다.

   사람의 영혼은 전일성에 대한 이해도에 따라서 영혼의 '성품'이 결정되며, 성품에 근거하여 형성된 영혼의 표면적인 특성을 '성격'이라고 정의합니다. 특정 사람의 성격을 살펴보면 그 사람 영혼의 성품을 대략 알 수 있고 전일성에 대한 이해도까지 짐작할 수 있습니다. 마음에서 전일성을 회복하는 것이 영적 존재가 되는 방법이며, 개체성을 버리는 것이 아닌 개체성에만 치우쳐 생긴 마음이 사라지는 것을 의미입니다.

   나의 영혼은 나의 육체를 만드는 근원이며, 육체와 마음과 상호작용하는 근원적 존재이기도 합니다. 이런 관점에서는 사람의 영혼이 육체와 함께 현실에서 살아가기 위해 태어난 후부터가 삶이며, 육체가 사라지고 사람의 영혼만 존재하는 상태가 죽음입니다.

(2) 마음(心)

표준어국어대사전에 나오는 마음의 사전적 정의는 다음과 같습니다.

● 마음 心

① 사람이 본래부터 지닌 성격이나 품성.
② 사람이 다른 사람이나 사물에 대하여 감정이나 의지, 생각 따위를 느끼거나 일으키는 작용이나 태도.
③ 사람의 생각, 감정, 기억 따위가 생기거나 자리 잡는 공간이나 위치.
④ 사람이 어떤 일에 대하여 가지는 관심.
⑤ 사람이 사물의 옳고 그름이나 좋고 나쁨을 판단하는 심리나 심성의 바탕.

【 이 책에서 사용하는 정의 】

전일성을 잊고 개체성에만 치우친 선악호오(善惡好汚) 판단이 포함되면서 우주의 원리가 왜곡되어 형성된 원리를 마음이라고 정의합니다. 사전적 의미 중에서 ⑤번과 유사하다고 할 수 있습니다.

개체성에 치우친 선악호오의 판단을 달리 표현하면 분별심, 선악과, 108번뇌라 합니다.

우주의 원리인 성(性)과 마음의 다른 점은 개체성에 치우친 분별작용이 마음에만 포함되어 있다는 점입니다. 마음에서 전일성을 회복한 정도만큼 왜곡된 분별작용에서 벗어나면 '성'이 드러날 것이며, 성품과 성격도 달라집니다. 이런 마음에 의해 나타난 다양한 작용을 '마음작용'이라고 합니다. 보통 마음과 마음작용을 하나로 묶어서 마음이라고 표현하지만 이 책에서는 구분하여 사용합니다.

사람 안에 내재된 우주의 원리(전일성) = 사람의 성(性)
↓
전일성을 잊고 사람의 개체성에 치우침
↓
사람의 마음[왜곡된 선악호오 판단 = 분별심(分別心)]
↓
전일성에 대한 이해가 증가하고 개체성에 대한 인식 변화
↓
전일성을 회복하며 개체성에 치우친 마음에서 벗어남
↓
마음에서 완전히 벗어난 사람의 성(性)대로 판단(무분별지, 반야)

- 무분별지(無分別智) : 올바르게 진여(眞如)를 체득하는 지혜(智慧)[20]
- 반야(般若) : 주객의 대립을 전제한 분별지가 아니라 현상을 있는 그대로 아는 무분별의 지혜(智慧)[21]

만약 전일성에 대한 인식과 이해도가 증가되고 자신의 개체성을 점점 더 이해한다면, 개체성에 치우친 분별에서 벗어나면서 결국 마음이 점점 사라지고 그 자리에 원래 있던 성이 드러나게 보이게 됩니다. 이것은 간결하게 표현한 식심견성(識心見性)은 마음을 잘 알아서 선악을 구별하는 마음(분별심, 108번뇌, 선악과)을 없애는 무심(無心)이 되면, 그 마음에서 본래의 성품을 알게 된다는 의미입니다.[22]

현실에서 전일성을 기준으로 개체의 역할 및 삶을 인식하고 판단한다면, 사람의 마음대로가 아닌 우주의 원리대로 판단하는 사람, 즉 최고 합리적이며 지혜

로운 사람이 되는 것입니다. 전일성을 잊고 사람의 개체성에 치우친 선악호오에 의해 판단하는 마음이 분별심(分別心)이라고 한다면, 결국 분별심은 우주의 원리인 전일성에 대해 무식(無識)한 상태인 무명(無明)에서 시작된 것입니다. 여기서 무명(無明)은 불교에서 말하는 잘못된 의견이나 집착 때문에 진리를 깨닫지 못하는 마음의 상태입니다.[23]

여기서 사람의 영혼, 마음, 생각은 서로 어떤 상관관계에 있는지 간단하게 살펴보겠습니다.

사람의 마음수준(영성 ⇔ 혼성)			
사람의 영 전일성과 개체성을 동시에 가진 존재 우주의 마음(性) (영성)	**사람의 영혼** (영적 존재) 사람의 마음 (영성 〉 혼성)	**사람의 영혼** (혼적 존재) 사람의 마음 (영성 〈 혼성)	**사람의 혼(+영)** 전일성을 완전히 잊고 개체성에만 치우친 존재 사람의 마음 (혼성)

우주의 관점에서 우주는 오직 우주의 원리대로 흐를 뿐인데 개체성에 치우친 사람의 관점에선 마음대로 흐른다고 인식할 뿐입니다. 따라서 사람의 마음수준은 개체성에 완전히 치우친 마음인 혼성부터, 전일성을 약간 회복한 마음(혼성 〉 영성), 전일성을 많이 회복한 마음(혼성 〈 영성), 전일성을 완전히 회복한 마음(영성)까지 다양한 수준차이가 나타납니다.

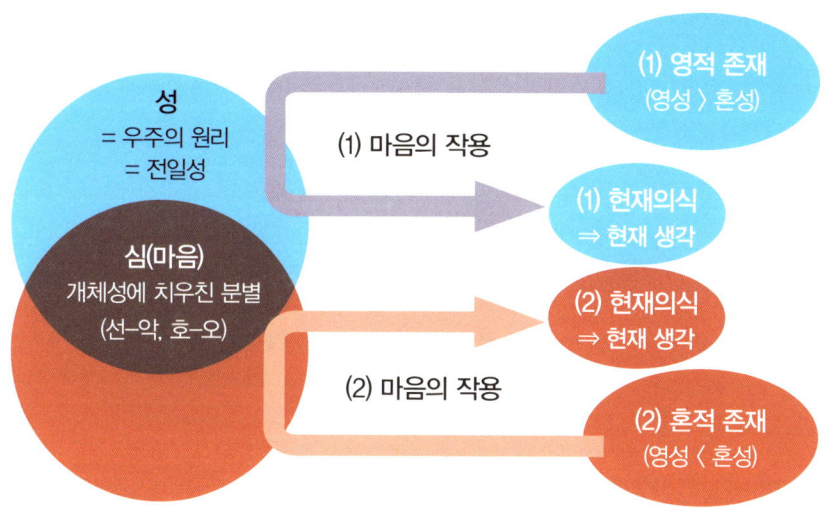

    (1)번 작용인 성이 드러난 마음작용은 파란색(성)에 가까운 생각을 떠오르게 하고, (2)번 작용인 성이 가려진 마음작용은 빨간색(마음)에 가까운 생각을 떠오르게 합니다. 영적인 의식수준을 가질수록 현재 생각은 빨간색이 감소하고 파란색이 증가하여 우주의 원리인 성이 드러난 생각에 가까워집니다. 그래서 지금 내 생각을 살펴보면 나의 영혼과 마음의 상태나 수준을 어느정도 알 수 있습니다. 즉 전일성에 대한 이해도가 높은 사람(영성 〉 혼성)은 성에 근거한 파란색 생각을 할 확률이 높고, 전일성에 대한 이해도가 낮은 사람(영성 〈 혼성)은 왜곡된 분별심에 근거한 빨간색 생각을 할 확률이 높습니다. 여기서 마음에 근거한 생각도 왜곡된 것일 뿐 본래 성에서 온 것이므로 지금 생각은 근본적으로는 우주의 원리에서 벗어나서 생각할 수 없습니다. 다만, 왜곡된 분별심에 근거한 생각일수록 우주의 원리에 근거한 생각과 차이가 커지고 그 차이만큼 내가 원하는 우주의 흐름과는 다른 혹은 틀린 답이 나올 확률이 높아집니다. 즉, 원래 뜻하던 생각인

정답(正答)에서 멀어진 오답(誤答)으로 살아가는 것입니다.

또한 마음은 쓰기에 따라서 주어진 대로 사는 수동적인 마음, 뜻을 갖고 삶의 변화를 일으켜 사는 능동적인 마음, 그리고 뜻을 갖고 우주의 흐름대로 창조하는 마음까지 다양합니다. 원래 우주는 우주의 마음(性)대로 흘러가며 스스로를 창조합니다. 소우주인 사람도 우주의 마음수준으로 능동적이고 의식적인 노력을 한다면 결국엔 우주다운 창조력을 발휘할 수 있게 됩니다.

일체유심조 一切唯心造

대개는 모든 것은 오직 마음이 지어낸다는 뜻으로, 모든 일에 마음가짐이 중요함을 이르는 말로 사용됩니다. 이 책에서는 사람의 마음은 인식과 행위를 통하여 삶의 변화를 지어내고, 우주의 마음인 성(性)은 일체를 지어낸다는 의미로 사용합니다.

(3) 정신(精神)

표준어국어대사전에 나오는 정신의 사전적 정의는 다음과 같습니다.

● 정신(精神)
① 육체나 물질에 대립되는 영혼이나 마음
② 사물을 느끼고 생각하며 판단하는 능력. 또는 그러한 작용
③ 어떤 사람이나 집단이 고유하게 가지고 있는 근본적인 생각이나 사상
④ 어떤 일을 대하는 마음의 자세나 태도
⑤ 철학 우주의 근원을 이루는 비물질적인 실재. 헤겔의 절대적 정신이 대표적이다.

정신 또한 다양하게 정의되며, 영혼-마음-의식과 유사한 의미로 광범위하게 혼재되어 사용됩니다. 이 책에서는 정신에 대한 사전적 정의와 실제 사용되는 다양한 의미들을 종합하여 다음과 같이 한 가지 정의로 사용합니다.

> 【 이 책에서 사용하는 정의 】
> 보통 '정신'하면 의식과 의식작용을 의미하는 말로 자주 사용되기도 하지만, 여기서는 일반적인 사회적 통념과 달리 영혼과 윤회, 우주의 원리의 개념이 필요 없는 단순히 육체와 대립되는 사람의 내적인 생명활동의 주체를 '정신'이라고 정의하고, 주체의 작용이나 활동을 '정신작용'이라고 합니다. 정신은 마음을 갖고 있고 그 마음을 통해 정신작용을 일으키며 살아가는 존재입니다.[24]

〈 영혼, 마음, 정신, 육체에 대한 정의와 그 작용 〉

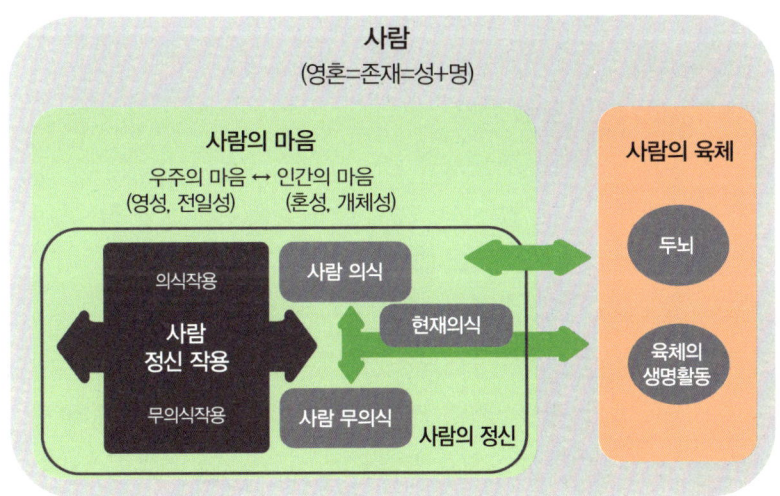

철학적 사고

6장 인식(認識), 의식(意識), 생각

(1) 앎(식, 識)이란?

앎(식, 識)의 표준어국어대사전에 나오는 사전적 정의는 '아는 일'입니다. 이 책에서는 '아는 것'으로 사용합니다.[25]

- **지식 知識_ 표준국어대사전**

1. 어떤 대상에 대하여 배우거나 실천을 통하여 알게 된 명확한 인식이나 이해.
2. 알고 있는 내용이나 사물.

- **지식 智識_ 표준국어대사전**

생각하여 아는 작용. 또는 지혜와 견식.

이 책에서는 다음과 같이 의미로 사용합니다.
- 지식(知識) : 배워서 아는 것. 단순히 기억하고 외워서 아는 것
- 지식(智識) : 바르게 아는 것

지식(知識, 배워서 알고 있는 식, 외운 것) + 체험(육체적 및 정신적 체험)
= 앎(아는 것)

사물이나 현상에 대해 일어나는 모든 생각들이 자신의 지식과 체험을 바탕으로 정리된 것이 앎입니다. 앎(識)은 지식(知識)과 체험을 통하여 형성됩니다. 체험 없이 지식에만 몰두한 것은 앎을 형성하지 못하므로 지식도 쌓고 체험하는 두

과정이 모두 필요합니다. 앎의 종류에 따라서 지식이 더 필요한 경우가 있고 체험이 더 필요한 경우가 있을 뿐이지, 결국 앎을 형성하기 위해서는 지식도 체험도 둘 다 중요한 요소입니다. 예를 들면, '공부가 중요하다'라는 것을 그저 지식으로만 알고 있다가 나중에 공부가 소중하다는 체험을 하게 되면 '공부가 중요하다'라는 앎이 형성됩니다. 같은 문장이지만 체험 전 지식(知識)과 후에 형성된 앎(識)은 체험자에겐 전혀 다른 인식을 갖게 합니다. 이렇게 형성된 앎으로 인해 공부에 대한 생각, 태도, 행동이 근본적으로 달라집니다. 다른 사람의 지식이나 앎도 나에겐 처음엔 다 지식이지만 체험을 통해서 앎이 될 수 있습니다. 이것이 우리가 배우는 학(學)과 익히는 습(習)을 같이 해야 하는 이유입니다. 현대 사회는 지식이 풍부하다 못해 넘쳐나는 동시에 접근성까지 좋기 때문에, 단순히 지식을 배우는 것을 넘어서 체험까지 결합하여 앎을 만드는 방법이나 능력이 더욱 중요한 시대입니다. 따라서 앎의 수준을 높이기 위해, 내가 원하는 뜻(意)에 적합한 체험을 하는 것이 지식을 배우는 것만큼 중요합니다.

(2) 인식(認識)

이 책에서는 앎(識)을 받아들이는(認) 사고작용을 인식(認識)이라 합니다. 인식을 알아차림, 인지, 지각과 같은 뜻으로 사용합니다.[26]

- **인식(알아차림)의 종류**[27]
  ① 감각적 인식 : 일반 수준의 감각정보를 받아들여 앎을 형성하는 사고작용
  ② 고감각적 인식 : 일반 수준보다 더 넓은 범위의 감각정보를 받아들여 앎을 형성하는 사고작용
  ③ 초감각적 인식 : 감각적인 것을 벗어난 정보를 받아들여 앎을 형성하는 사고작용

다음 그림은 우리가 주로 사용하는 감각적 경로를 통하여 앎을 형성하는 과정인 감각적 인식과 고감각적 인식을 도식화한 것입니다.[28] 현상을 느끼게 되면, 느낌에 대한 생각과 행위가 일어나고 이 과정을 통하여 감각을 통한 앎이 형성됩니다.

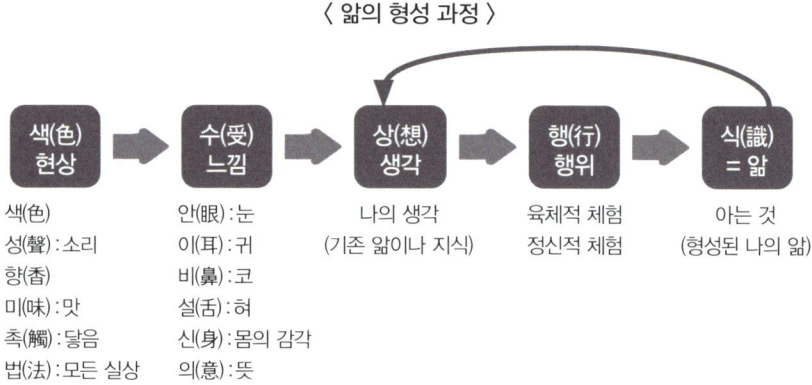

〈 앎의 형성 과정 〉

색(色) 현상	수(受) 느낌	상(想) 생각	행(行) 행위	식(識) = 앎
색(色)	안(眼):눈	나의 생각	육체적 체험	아는 것
성(聲):소리	이(耳):귀	(기존 앎이나 지식)	정신적 체험	(형성된 나의 앎)
향(香)	비(鼻):코			
미(味):맛	설(舌):혀			
촉(觸):닿음	신(身):몸의 감각			
법(法):모든 실상	의(意):뜻			

현상에 대한 인식과정을 더 자세히 살펴보면, 판단 주체의 수준을 기준으로 크게 두가지로 나누어 볼 수 있습니다.

〈 인식의 종류 〉

인식하는 주체의 수준이 나의 마음(의식+무의식) 수준인 경우
: 감각적 인식, 고감각적 인식, 무의식적 인식

① 감각적 인식, 고감각적 인식

보통의 감각 혹은 민감도가 더 높은 상태인 고감각을 통해 들어온 정보는 나의 의식을 통하여 판단한 결과를 인식합니다. 따라서 (고)감각적인 정보에 대한 인식 수준은 주로 나의 의식수준에 의해 결정됩니다. 고감각적 인식은 감각적 인식보다 인식의 범위가 확장되는 장점이 있지만, 한층 더 풍부한 정보들을 통합 이해할 수준이 안 된다면 오히려 더 혼란스럽고 불편한 상태가 되는 단점도 있습니다.

② 무의식적 인식/직감(直感)

무의식적 인식은 의식적인 감각 과정을 통하지 않고 나의 무의식을 통하여 판단한 결과를 인식합니다. 정보에 대한 인식수준은 주로 나의 무의식 수준에 의해 결정됩니다. 나의 무의식을 통한 판단 작용을 거치기 때문에 인식과정을 의식적으로 다 알 수 없는 특징이 있습니다.

세가지 인식 모두 결국에는 나의 마음수준만큼 인식 수준이 결정되며, 전일성을 잊은 낮은 마음수준일수록 왜곡된 판단으로 오답이 나오거나 비합리적 판단을 할 확률이 높습니다. 반면 나의 마음수준이 향상되어 우주의 마음, 순수의식에 가까울수록 감각적, 고감각적, 무의식적 인식이 정답이며 합리적 판단일 확률이 높아집니다.

인식하는 주체의 수준이 우주의 마음수준인 경우
: 초감각적 인식/직관(直觀)

초감각적 인식은 의식적인 감각 과정을 통하지 않고 의식을 통한 판단이 없이 그 결과를 느낌, 생각, 언어 및 행동 등 여러 가지 인식수단을 통해 인식한다는 점에서 직감과 차이가 없습니다. 사전적인 정의로도 직감과 직관은 공통적으로 사유작용이 없이 곧바로 느껴 안다는 의미를 알 수 있었으나 이 둘의 차이를 확연히 알 수 없었습니다. 구체적으로 다른 점은 인식주체의 수준이 무의식적 인식/직감은 나의 마음수준이고, 초감각적 인식은 우주의 마음수준인 것입니다. 초감각적 인식은 편견이 섞여 있는 (고)감각적 정보에서 벗어나 현상을 있는 그대로 보는 수준이므로, 늘 정답이며 직관(直觀, intuition)이라고도 합니다.

초감각적 인식을 실제로 시도해보면 나의 마음에 근거한 틀린 답들을 발견하게 되는데, 이는 기존의 감각적 정보에 근거한 편견에 사로잡힌 나의 마음 때문에 왜곡현상이 일어난 것입니다. 이런 경우가 직관이 아닌 직감입니다. 그러나 나의 마음수준이 향상되어 편견이 사라져 있는 그대로 보게 될수록, 직감한 답과 직관한 정답이 점점 일치하기 시작합니다.

일상생활에선 (고)감각적 인식만으로도 앎을 형성하며 현상을 해석하고 판단하며 살아가도 큰 문제가 없습니다. 그러나 나의 감각 범위 및 의식적 판단 범위를 벗어나거나, 선입견이나 편견에서 자유롭지 못한 주제 등을 만난다면, 나의 의식수준에서 해석 및 판단하여 행동하기 어렵습니다. 이런 상황에선 초감각적 인식이 효과적인 해결 방법이 될 수 있습니다. 직관은 우주의 원리가 내재된 모든 사람에게 갖추어진 하나의 인식체계(system)이며, 조건만 맞는다면 나도 모르게 자동적으로 합리적 판단을 하는 방법입니다. 이러한 직관을 사용하는 방법은 다음과 같습니다.

내 안에 정답을 판단하는 직관체계가 내재되어 있음을 이해하고
원하는 주제에 대한 개념을 명확히 하고
일체의 편견이 사라진 상태에 한순간 머물기

언제나 정답을 찾을 수 있다는 자신감과
항상 틀릴 수 있다는 겸허한 마음을 동시에 갖고
편안하고 담담하게 허용하는 마음을 갖는 것.[29]

직감은 마음수준에 근거해 창의성을 발휘하는 수단이며, 직관은 우주의 마음수준에 근거해 창의성을 발휘하는 수단입니다. 직관은 창의적인 생각, 존재차원을 뛰어넘는 생각을 가능하게 하며 실제로 위급상황에서도 발휘됩니다. 다행히 누구에게나 직관적 인식체계는 내재되어 있기 때문에 단지 편견을 없애는 명상을 통하여 나의 마음에서 벗어나 성(性)을 드러내는 훈련과정이 필요할 뿐입니다. 특히 지식의 양이 풍부하고 접근성이 좋아지는 정보 평준화의 시대에는 기존의 편견이 포함된 공통된 인식수준을 갖춘 사람보다 직관적 인식체계를 통하여 새로운 앎을 만들고 활용하는 창의적인 인식수준을 갖춘 사람이 더 필요할 것입니다. 따라서 직관체계를 자주 사용하는 시도는 직관적인 생각을 할 확률을 높이며 창의적인 사람이 되기 위해서는 꼭 필요한 훈련 방법입니다.

(3) 의식(意識)과 현재의식(現在意識)

이 책에서 '의식'은 '뜻(意)과 관련된 앎(識)'으로 정의하며, 뜻과 관련된 지식과 체험을 바탕으로 정리된 앎을 의미합니다.[30] 여기서 뜻(意)은 특정 주제(音, 음)에 맞추고 있는 마음(心)의 작용이라 합니다.[31] 표준어국어대사전에 나오는 의식의

사전적 정의는 다음과 같습니다.

● 의식(意識)
1. 깨어 있는 상태에서 자기 자신이나 사물에 대하여 인식하는 작용
2. 사회적·역사적으로 형성되는 사물이나 일에 대한 개인적·집단적 감정이나 견해나 사상
3. [불교] 의근(意根)에 기대어 대상을 인식·추리·추상(追想)하는 마음의 작용.
4. [철학] 감각하거나 인식하는 모든 정신 작용

【 이 책에서 사용하는 정의 】
의식은 뜻과 관련된 앎으로 정의합니다.
사전적 정의 3번 혹은 4번에 해당하는 마음작용이나 정신작용이란 의미보다는 의(意)와 식(識)의 의미대로 각각 뜻과 앎이란 의미로 해석하였습니다.
뜻과 관련된 앎들이 모인 영역을 '의식영역', 의식영역에서 의식적으로 느끼고, 생각하고, 판단하는 마음작용이나 정신작용을 '의식작용'이라 합니다.

다음으로 표준어국어대사전에 나오는 무의식의 사전적 정의는 다음과 같습니다.

● 무의식(無意識)
1. 자신의 언동이나 상태 따위를 스스로 깨닫지 못하는 일체의 작용.
2. [심리] 자각이 없는 의식의 상태. 정신 분석에서는 의식되면 불안을 일으키게 되는 억압된 원시적 충동이나 욕구, 기억, 원망 따위를 포함하는 정신 영역을 이른다.

【 이 책에서 사용하는 정의 】
사전적 정의에서는 자각이 없거나 스스로 깨닫지 못하는 상태나 작용을 의미하고 있으며, 이 책에서는 무의식은 나의 마음에서 의식영역 밖에 있는 앎이며, 그런 앎이 모여 있는 영역을 '무의식영역', 그런 무의식영역에서 일어난 마음작용이나 정신작용을 '무의식작용'이라 정의합니다. 무의식과 무의식작용을 직접 인식할 수 없지만, 때론 의식영역의 확장으로 무의식영역의 일부가 의식영역으로 전환된다면 의식작용으로 인식 가능합니다.

사람의 마음 = 의식영역 + 무의식영역
사람의 마음작용 = 의식작용 + 무의식작용

① 의식영역 = 활성화된 의식영역 + 잠재된 의식영역

　활성화된 의식영역 : 드러나 활동하는 의식의 영역

　잠재된 의식영역 : 잠재되어 활동하지 않는 의식의 영역(잠재의식潛在意識, 의식 저장고)

② 무의식영역 = 활성화된 무의식영역 + 잠재된 무의식영역

　활성화된 무의식영역 : 활동하는 무의식의 영역

　잠재된 무의식영역 : 잠재되어 활동하지 않는 무의식 영역(잠재무의식)

● 이 책의 현재의식(現在意識)은 현재의 뜻(의, 意)에 의해 활동하는 마음작용이나 정신작용입니다.

철학적 사고

현재의식은 사람이 잠을 자지 않는 상태에서 의식작용을 일으키며 뜻(意)한 대로 느끼고 생각하고 육체적으로 행동하는 능동적 특성과 동시에 사람의 마음과 그 작용 그리고 육체에 의해 영향을 받는 수동적 특성을 갖고 있습니다. 따라서 현재의식은 육체 및 두뇌의 작용, 의식작용, 무의식작용과 상호작용하며, 지금 여기에 삶의 주체처럼 존재하는 마음작용이나 정신작용입니다.

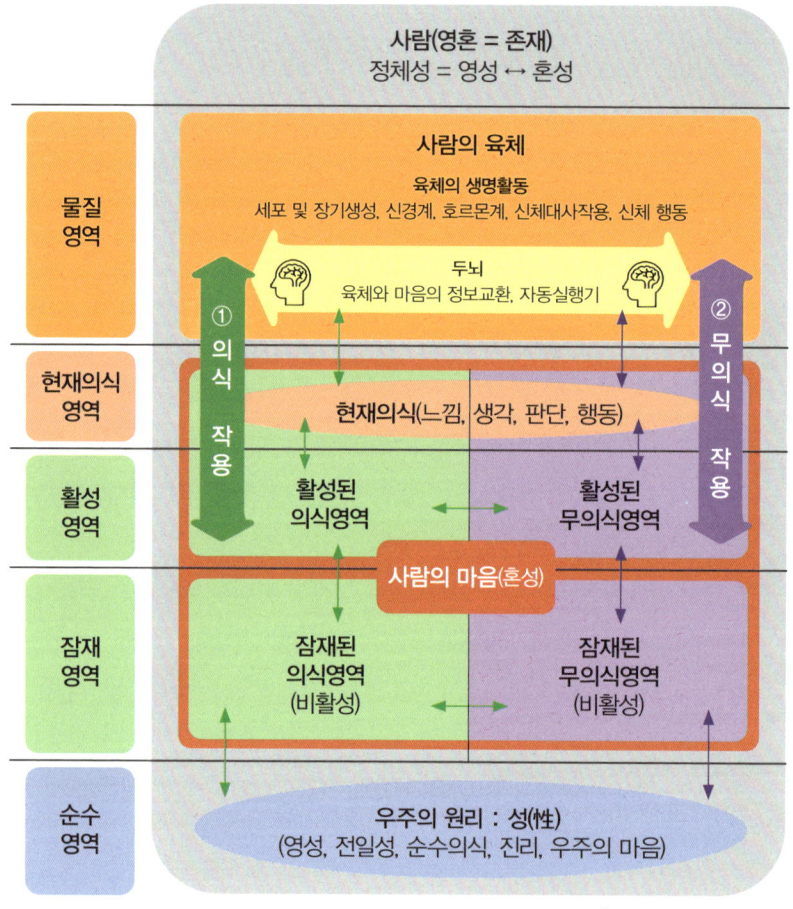

이 책에서 정의한 영혼, 마음과 마음작용, 의식, 현재의식을 하나로 조합하여 나타낸 그림입니다.

① 현재의식이 주체가 되어 뜻한 대로 느끼고 생각하고 행동하는 것은 사람의 육체, 사람의 마음, 사람의 마음작용이 서로 상호작용하여 나타나 결과입니다. 현재의식은 뜻과 관련된 느낌, 감정, 생각의 흐름으로 나타나며, 주로 의식적인 생각이나 사고하는 주체처럼 작용합니다. 내적인 감정과 생각은 언어형태로 전환되어 말과 글로 표현되거나 표정과 행동으로 나타나면서 의사소통을 하게 됩니다.

② 현재의식은 뜻(意)에 따라서 잠재의식, 무의식, 순수의식에 해당하는 앎의 영역까지 의식영역을 확장하여 마음작용을 합니다. 이 중에 현재의식이 순수의식에 대한 방향으로 앎의 영역이 확장되어 의식수준이 높아진 것을 '의식수준의 향상'이라고 합니다. '의식수준의 향상'이 우주의 원리수준인 순수의식수준까지 도달하면 현재의식은 사람의 마음에서 벗어나 우주의 원리를 인식하는 수준이 됩니다.

③ 활성화된 무의식영역에 의한 무의식작용은 현재의식부터 마음과 육체의 다양한 생명현상에 관여합니다. 무의식영역 속에 있는 무의식도 성(性)과 연결되어 있으므로, 마음수준이 향상될수록 무의식작용도 점점 성(性)에 근거하여 일어납니다.

④ 사람의 육체, 사람의 마음과 마음작용, 현재의식 모두 우주의 원리(성, 性)를 기반으로 형성되어 작용하고 있습니다. 사람의 마음에 존재하는 왜곡된 앎조차 결국엔 우주의 원리, 즉 순수의식에 존재하는 앎입니다.

⑤ 육체를 가진 사람의 관점에서 나의 삶의 주체는 4가지로 정리해볼 수 있습니다.

- 나의 현재의식 : 의식적으로 느끼고 생각하고 판단하고 행동하는 표면적(表面的) 주체
- 나의 마음 : 마음(의식+무의식)과 그 작용을 포함하는 심층적(深層的) 주체, 혼성
- 우주의 원리 : 마음의 본래 형태인 성(性), 우주의 원리, 본성, 영성, 자연성
- 통합된 존재 : 나의 현재의식 + 나의 마음 + 우주의 원리를 포함하는 통합된 주체

(4) 생각

이 책에서는 현재의식이 사람의 마음에서 마음작용으로 드러나 알게 된 구체화(具體化)된 마음속의 정보를 생각이라 정의하며, 생각은 의식작용으로 떠올린 '의식적인 생각'과 무의식작용으로 떠오른 '무의식적인 생각'으로 나눌 수 있습니다.

> **생각 = 의식적인 생각(떠올린 생각) + 무의식적인 생각(떠오른 생각)**

이 책에서는 특정 주제와 관련해 뜻(意)한 대로 생각하는 마음작용을 '생각하기'라고 정의하며, 특정 주제와 관련된 지속적이고 깊이 있는 생각하기를 사고(思考)라고 정의합니다.

먼저 생각은 다음과 같이 3가지로 구분될 수 있습니다.[32]

① 념(念) = 心(마음 심) + 今(이제 금)
　　지금 내 생각

② 상(想) = 心(마음 심) + 相(서로 상)

　사물이나 현상을 보면서 생긴 나의 생각

　깨닫기 전인 보통사람의 상은 오해와 편견이 담겨 있는 생각

　깨달은 사람의 상은 오해와 편견이 사라진 생각(있는 그대로 생각)

③ 사(思) = 心(마음 심) + 田(밭 전)

　마음속에 밭처럼 많이 모여 있는 생각들

　념(念)과 상(想)이 모여서 사(思, 여러 가지 생각들)가 만들어짐

현재의식이 지금 갖고 있는 생각인 념(念)은 결국 지금 내 마음에서 '의식적으로' 떠올리거나 '무의식적으로' 떠오른 마음속의 정보입니다. 그래서 지금 내 생각을 알게 되면 지금 내 마음속 일부는 알 수 있지만 전부를 아는 것은 아닙니다. 마치 현미경에 눈을 대고 표본을 관찰하는 것처럼 현재의식(눈)이 뜻(현미경)을 통해서 마음(표본)속의 정보들을 일부분씩 살펴보고 아는 것과 같습니다. 현재의식이 나의 마음속에 우울한 의식영역들만 살펴보려는 뜻을 갖는다면, 마음속 우울한 정보가 떠올라 우울한 생각과 감정을 갖게 되고, 반대로 긍정적인 영역을 살펴보려는 뜻을 갖는다면, 마음속 긍정적인 정보가 떠올라 긍정적인 생각과 감정을 갖게 됩니다.

이렇게 현재의식이 마음속 특정 영역에 주의(注意)를 집중하기 때문에, '생각하기'나 '사고'는 특정한 마음을 일정 시간 동안 사용하는 방법이 될 수 있습니다.

즉 나의 생각을 아는 것은 나의 마음을 아는 것이며 내가 생각하는 것은 내 마음을 사용하는 것이기도 합니다.

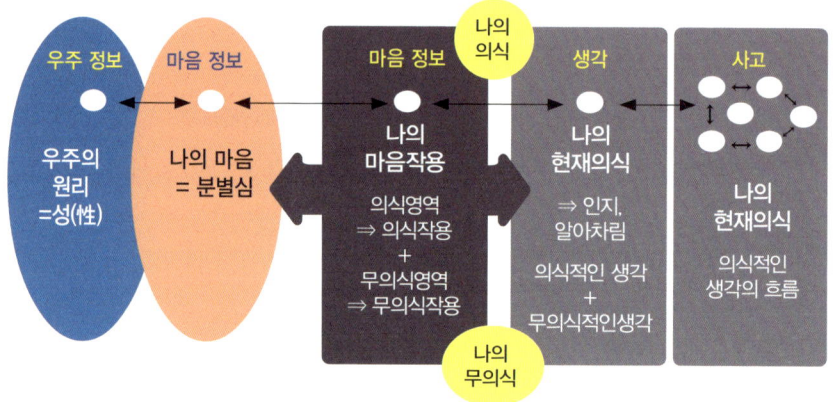

생각의 의미와 역할을 더 확장해보면, 생각과 사고는 나의 마음속 성(性), 나의 마음, 나의 마음작용, 나의 현재의식까지 서로 정보를 주고받는 하나의 정보 전달 체계이며, 각 요소 간 의사소통 수단입니다. 이런 관점에선 어떤 창의적인 생각도 우주 혹은 자연의 원리 안에 이미 존재하던 것이며, 단지 현재의식이 구체적으로 '알아차린' 우주의 정보에 불과합니다.

생각수준

생각수준은 나를 이루는 다른 요소들과 상호작용하며 결정됩니다.

우주(영) ⇔ 나의 존재 ⇔ 나의 마음 ⇔ 나의 의식 ⇔
나의 현재의식 ⇔ 나의 생각 ⇔ 나의 행동

나의 생각하는 수준은 본래 우주의 수준만큼 가능하지만 나의 행동, 현재의식, 의식, 마음, 존재의 수준만큼 성장이 제한됩니다. 각각의 수준이 성장 한계

점을 넘어 우주의 수준에 도달할수록, 생각하는 수준도 새로운 차원으로 성장이 가능합니다. 현재의식이 지금 생각(念)의 주체처럼 작용하기 때문에, 각 요소들 중 현재의식 수준을 향상시키는 방법이 생각 수준을 성장시키는 효과적인 방법이 될 수 있습니다.

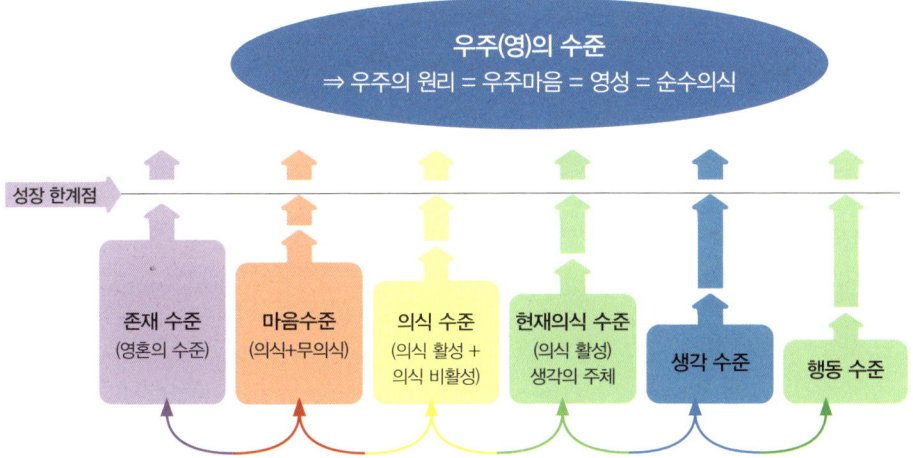

(5) 의식작용의 특성

의식작용은 양자의 특성과 유사하게 작용합니다.[33]

"파동성이 있어 주위환경과 공진과 공명하며 서로 영향을 주고 받는다. 책이나 영화를 보고 감동을 받았다면 마음이 공진을 하였다는 것을 의미한다. 라디오가 공진할 수 있는 주파수 대역폭이 넓을수록 다양한 라디오방송을 들을 수 있는 것처럼 마음의 공진폭이 넓은 것은 정보를 주고받는 데 유리하다. 마음의 공진대역에 대해서는 수평적인 것(주위와 사람)과 수직적인 것[현상계부터 일기(一氣)]으로 나누어 생각할 수 있다."[34]

현재의식은 뜻(意)에 따라서 특정 주파수 생성기가 되고 동시에 특정 주파수 수신기가 됩니다. 그래서 주위 환경이나 사람이 갖는 주파수에 공명하여 영향을 쉽게 받으며 수동적으로 삶을 살 수도 있고, 반대로 주위 환경이나 사람에게 영향을 끼치며 자신의 뜻대로 능동적으로 삶을 살 수도 있습니다. 나의 뜻(意)대로 다양한 주파수와 공명을 하며 상호작용하며 살아간 결과가 지금 나의 삶이라고 볼 수 있습니다.

특히, 의식작용의 힘이 약한 사람은 뜻이 약하고 유지하기 힘들기 때문에 주위의 미세한 환경변화에도 쉽게 공명하거나 공진합니다. 이런 경우에는 나의 뜻이 쉽게 흔들리거나 바뀔 수 있고, 반대로 좋은 영향을 주는 주변 환경에 머무는 경우에는 저절로 좋은 영향을 받을 수 있으니 주위환경에 대한 관리가 중요합니다.

의식작용의 힘

의식작용의 힘은 다음 요소에 의해 결정되며 각 요소들 힘의 총합입니다. 의식작용의 힘이 증가하면 뜻한 대로 실현하는 능력인 공력(功力)이 증가합니다. 이런 과정은 운명에서 원하는 방향으로 좋은 인기(=生氣, 淸氣)가 증가함을 의미합니다.

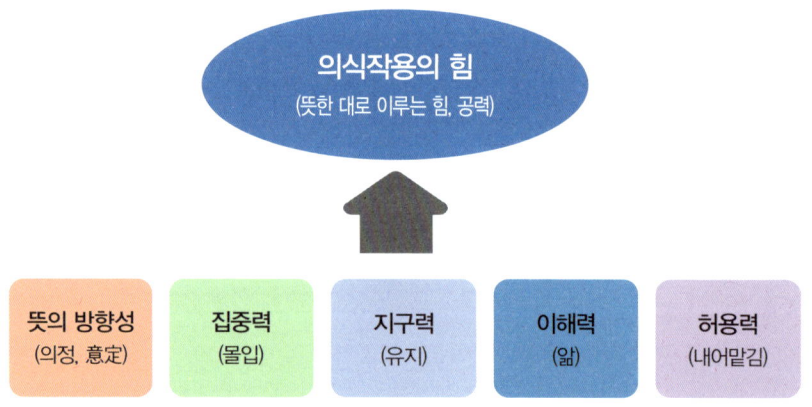

① 의정(意定)은 뜻의 방향성을 결정하는 것으로 특정 뜻과 주제를 선택하는 것입니다.
② 집중력은 특정 뜻에 몰입하는 힘입니다.
③ 지구력은 집중력을 유지하는 힘으로 불교에선 어지러운 생각을 없애고 마음을 한 곳에만 쏟는 힘인 정력(定力)을 의미합니다.
④ 이해력은 특정 주제와 관련된 자료, 정보, 지식, 체험, 앎에서 이치를 풀어서 깨닫는 힘입니다.
⑤ 허용력은 의식작용에 방해되는 불필요한 편견, 습관에서 벗어나 뜻한 대로 드러나도록 허락하는 힘입니다.

실생활에서 의식작용의 힘이 발휘되기 위해 가장 먼저 해야 할 일은 뜻에 대응되는 특정 주제나 대상을 선정하여 의식작용의 방향성을 설정하는 것입니다. 나의 삶에서 바꾸고 싶은 것들, 하고 싶은 것들, 필요한 것들, 하루 중에 가장 많이 생각하는 것들 중에 나의 뜻에 맞는 주제를 정하는 것이 **의정**입니다. 주제에 대한 명확한 개념을 가질수록 의식작용의 힘이 해당 주제에 대한 방향으로 명확하게 작용하여 그만큼 이루어질 가능성이 높아집니다. 비유하면, 뜻을 특정 주파수 형태로 명확하게 맞추고 있는 상태입니다. 결국엔 뜻(意)을 정하는 의정(意定)은 앎의 성장 방향뿐만 아니라 삶의 방향을 결정하는 과정인 동시에, 삶을 어디까지 변화할지 그 한계를 미리 결정하는 단계이기도 합니다. 대개는 작은 뜻을 품고 있는 의식수준에서는 그 수준 이상의 큰 성공을 기대하기 어려운 것처럼, 뜻(意)의 수준이 곧 의식수준과 삶의 성장수준을 결정합니다.

선택한 주제에만 집중하는 **집중력**, 계속 유지하는 **지구력**은 주제에 대한 공력을 증가시키는 방법입니다. 주제에 대한 이해수준만큼 공력이 증가하기 때문에 뜻의 수준에 맞는 **이해력**을 갖추는 것이 필요합니다. 처음엔 맹목적인 믿음 혹은 의심을 걷어낸 믿음인 확신(確信)을 갖는 것이 이해(理解)를 대신하여 공력을 증폭시킬 수 있습니다. 예를 들면, 시키는 대로 하면 소원이 이뤄질 수 있는 상황에서, '시키는 대로 하면, 내 소원이 정말 이뤄지겠어?'라고 불신하는 경우보다 '시키는 대로 하면, 내 소원은 무조건 이뤄진다고 했어.'라고 믿거나 확신하는 경우가 의식작용의 힘이 더 크게 나타납니다. 다만 이런 맹목적인 믿음과 확신은 여러 가지 의심과 의문이 나타나면 바로 쉽게 흔들리거나 사라질 수 있습니다. 새롭게 강화된 믿음과 확신으로 한계점을 일시적으로 넘길 수도 있지만, 결국엔 이해력을 통해 의심과 의문이 해결되고, 일과 상황에 대한 바른 이해가 있어야 근본적으로 넘어설 수 있습니다. 주제에 대한 불필요한 편견, 습관, 긴장에서 벗어나 내어 맡기고 평안을 유지하는 **허용력**이 있어야 의식작용의 힘이 있는 그대로 발휘됩니다. 심리적으로 지나치게 긴장하거나 위축되어 있으면, 필요한 생각이 떠오르지 않거나 더 왜곡되어 나타나기 때문에 육체적-마음적 에너지를 효과적으로 활용할 수 없습니다.

삶에서 원하는 결과가 생각만큼 안 나타날 때 의식작용의 힘을 구성하는 요소들을 살펴보면 그 원인을 파악하고 해결하는 데 도움이 됩니다. 뜻(意)한 주제에 따라서 각 요소들에 대한 중요도가 달라질 수 있습니다. 이해력이 일정수준만 되면 가능한 반복적인 단순 업무라면, 집중력, 지구력, 허용력이 더 중요해집니다. 반대로 이해력의 비중이 훨씬 큰 정신적인 업무라면, 집중력, 지구력, 허용력만으론 의식작용의 힘이 한계점에 쉽게 도달하기 때문에 반드시 상위 수준의 이해력이 더 필요하게 됩니다.

의식작용의 명확화

반복된 특정 진동수(공명주파수)가 비슷하거나 정수배가 되어야 공명현상이 일어나는 것처럼, 의식작용의 힘을 효율적으로 발휘하기 위해서는 마치 특정 공명주파수를 맞추듯이 뜻(意)을 명확하게 해야 합니다.[35] 이 책에서 의식작용의 명확화는 내가 뜻한 주제에 대한 개념이 명확(明確)한 상태로, 의식작용을 명백(明白)하고 정확(精確)하게 일으킨다는 의미로 사용합니다. 텔레비전이나 라디오의 채널을 정확히 맞추면 특정 방송이 잘 나오듯이 의식작용의 채널링(channeling) 현상도 같은 원리입니다. 주제에 대한 명확한 뜻을 갖는 경우에는 주제에 대한 구체적이고 명확하게 대응되는 정보나 앎을 얻을 수 있습니다. 명확하지 않은 뜻을 갖는 경우에는 그만큼 불분명하고 넓은 영역에 애매하게 대응되는 정보나 앎을 얻을 뿐입니다. 컴퓨터의 검색창에 검색어를 정확하게 입력할수록 원하는 정보를 정확하게 얻을 확률이 높아지는 것과 같습니다.

의식작용의 명확화는 특정 주제나 상황에 가장 적합한 육체적-마음적 에너지를 집중적으로 사용하게 만들기 때문에, 의식작용의 힘이 보다 더 명확하게 작용하도록 만듭니다. 자유롭고 행복한 삶을 살고 싶다면 자유와 행복에 대한 개념이 명확할수록 그 개념대로 의식이 성장하여 가장 적합한 실현 방법을 선택하고 실천하게 됩니다.

의식작용의 지속성 및 자동 반응성

의식작용은 깨어 있는 동안 끊임없이 일어나는 지속성이 있으며, 더 강한 자극이 오면 그 방향으로 자동으로 주의를 전환하게 됩니다. 곧 자극이나 상황에 대해 형성된 습관대로 자동 반응하는 특성이 있습니다. 그래서 의식작용으로 일어나는 나의 생각도 끊임없이 일어나며, 빠르게 습관대로 사고를 하게 되며, 이런 과정은 생존을 위한 중요하고 효율적인 특성이며 잘못된 것이 아닙니다. 몸의 불편한 통증이 강하게 일어나면 통증 부위에 자동적으로 관심이 가게 되어 다른 것에 집중하기 어렵게 만들지만, 해당 부위의 문제를 우선적으로 해결하기 위한 반응이기도 합니다. 강한 자극에 대한 자동 반응은 급하게 필요한 자극에 집중적으로 빠르게 대응하고 불필요한 자극은 차단하여 한정된 신체 에너지를 효율적으로 배분하게 만드는 긍정적인 효과가 있습니다. 때론 학습으로 형성된 자동반응은 도피-회피학습(escape-avoidance learning)이나 학습된 무력감(learned helplessness) 등 부정적인 효과를 일으키기도 합니다.

뜻(意)의 대상은 우주 안의 모든 존재

뜻(意)의 대상인 법(法)은 최고의 진리, 즉 우주의 원리 혹은 그것에 의해서 형성된 일체의 존재라는 의미도 포함되어 있습니다. 법(法)의 정의대로라면, 뜻(意)의 대상은 우주 안의 모든 존재가 가능합니다. 의식(意識)의 영역은 우주 안에 존재하는 앎(識)의 영역의 모든 곳으로 확장이 가능하며, 의식작용의 뜻(意)을 정(定)하기에 따라서 우주의 모든 존재에 대해 인식할 수 있습니다. 따라서 인식의 범위와 수준은 뜻(意)에 따라서 아주 사소한 앎부터 우주 수준의 앎까지 최대한 확장할 수 있습니다.

의식작용과 운명 변화

운명 변화의 과정을 살펴보면 모든 과정이 자신의 의식수준에 의해 결정되며 실행됩니다.

① 운명의 원리, 생명체인 자신의 명에 대한 이해
② 삶의 방향성을 선택

③ 운명의 세부 주제들을 선택하고 집중
④ 가장 적합한 운명 변화 방법을 찾고 그 원리와 방법을 이해
⑤ 꾸준한 실천을 유지하여 원하는 운명에 도달
⑥ 결과에 대해 판단하고 행복을 누림

무엇을 바꾸고자 어떤 행위를 지속적으로 한다면 삶에서 어떤 변화가 일어납니다. 그러나 그 방법에 효율성이 떨어진다면, 수많은 노력에 비해서 작은 변화에 그치게 되고 아쉬운 결과를 얻게 됩니다. 노력한 결과가 성공(成功)으로 이어지기 위해서는 성실(誠實)한 것은 기본이고 효율적인 방법을 찾고 선택하는 판단력도 필수라서 의식수준의 향상이 늘 뒷받침되어야 합니다. 따라서 성공을 하기 위한 운명 변화에 의식수준의 향상이 중요한 핵심 요소로 작용하기 때문에, 그 사람의 운명(運命)을 제대로 알기 위해서는 사주(四柱)보다는 관상(觀相), 관상보다는 심성(心性)을 주의 깊게 살펴보아야 합니다.

뜻(意)을 정한 주제나 분야에서 늘 배우고 실천하여 의식수준의 향상을 이룬 성실한 사람은 전체 운명의 흐름을 효과적으로 변화시킬 수 있기 때문에, 새로운 운명의 창조자 혹은 일종의 운명 흐름을 새롭게 그리는 운명의 화가가 될 수 있습니다.

7장 관점(觀點)

(1) 관점이란?

표준어 국어 대사전에 나오는 관점의 사전적 정의는 다음과 같습니다.

● 관점(觀點)

사물이나 현상을 관찰할 때, 그 사람이 보고 생각하는 태도나 방향 또는 처지.

> 【 이 책에서 사용하는 정의 】
> 이 책에서 관(觀)은 특정 대상에 대해 자세히 본다는 의미로 관찰 및 인식이란 의미로 사용하고 있습니다. 따라서 관점은 사물이나 현상을 관찰 및 인식할 때, 그 사람이 느끼고 생각하는 태도, 방향, 처지, 수준 등과 같은 기준점으로 정의합니다. 일상생활에서 '~의 관점에서'란 특정 기준점에서 현상에 대하여 관찰 및 인식한다는 것을 의미합니다. '~의 입장에서' '~의 측면에서' 라는 말과 같은 의미입니다.

관점은 현재의식이 관찰 및 인식하는 기준점으로 관점을 통한 인식에는 네 가지 구성요소가 있습니다.

① 현재의식(생각 념, 念) : 지금 여기에서 느끼고 생각하고 판단하고 행동하는 마음작용, 인식의 주체
② 관점 : 현재의식이 선택하여 머물고 있는 관찰과 인식의 기준점
③ 관찰 및 인식 : 관점을 기준으로 현상을 관찰 및 인식하는 과정
④ 현상 : 인식 가능한 우주의 모든 존재

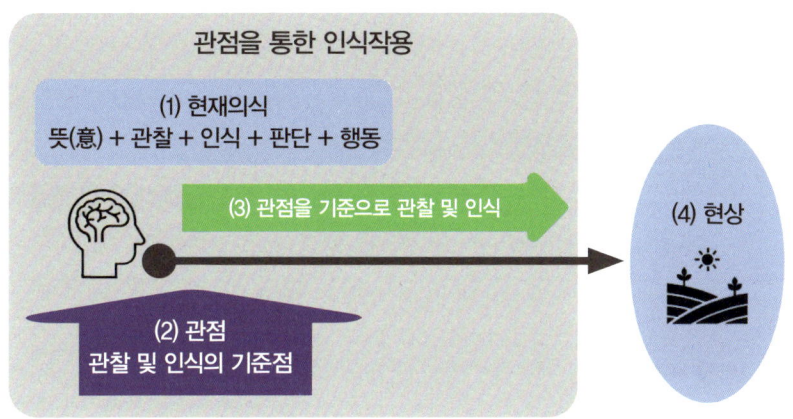

현재의식이 관점을 기준점으로 하여 현상에 대하여 관찰하고 인식하는 것으로 관점에는 다양한 종류의 기준점이 존재합니다. 예를 들면, OOO의 관점은 관찰하고 인식하는 주체(현재의식)가 관찰 및 인식작용의 기준점을 OOO로 한 것입니다. OOO에 나, 너, 과거, 비용, 부자, 과학자, 우주, 긍정적 등을 대입하여 다양한 관점을 만들 수 있습니다.

(2) 관점의 종류

소설의 시점(視點)

소설에서 1인칭 주인공 혹은 3인칭 관찰자시점, 전지적작가 시점도 관점입니다. 시각적으로 소설 속 현상을 바라보고 이야기하는 서술자(敍述者)의 관점이 시점입니다. '주관적' '객관적'이라는 사전적 정의부터 재확인하고 소설에서 4가지 화자의 시점에 대해 살펴보겠습니다.

> 표준국어대사전에 나오는 주관적, 객관적의 정의는 다음과 같습니다.
> - 주관적(主觀的) : 자기의 견해나 관점을 기초로 하는.
> - 객관적(客觀的) : 자기와의 관계에서 벗어나 제삼자의 입장에서 사물을 보거나 생각하는 철학 세계나 자연 따위가 주관의 작용과는 독립하여 존재한다고 생각되는.

① 1인칭 주인공 시점 : 이야기 속의 주인공이 서술하는 시점.

1인칭 주인공 시점에서 서술자는 주인공의 의식수준에서 관찰 및 인식하는 주관적 인식을 갖고 있는 사람입니다. 행위자이며 동시에 자신에 대한 관찰자로서 주인공이 있다면 그만큼 인식의 범위가 확장되는 효과가 생깁니다. 두 경우 모두 인식의 주체는 주인공의 현재의식이기 때문에, 인식과정에서 주관이 개입될 수밖에 없습니다. 즉, 관찰자로 주인공이 현상을 인식하여도 객관적이 아닌 주관적인 관찰 및 인식인 것입니다. 주인공이 자신에 대해 객관적이 되기 위해서는 주인공과 관련이 없는 제3자의 관점 및 의식수준을 갖고 있어야만 가능합니다.

② 1인칭, 3인칭 관찰자 시점
- 1인칭 관찰자 시점 : 이야기 속에 다른 등장인물이 서술하는 시점.
- 3인칭 관찰자 시점(작가 관찰자 시점) : 이야기 밖에 외부 관찰자가 서술하는 시점.

1인칭 관찰자 시점은 이야기 속의 주인공이 아닌 인물이나 존재가 관찰자 시점에서 서술하는 것을 의미하며, 3인칭 관찰자 시점은 이야기 밖의 인물이나 존재가 관찰자 시점에서 서술하는 것을 의미합니다. 따라서 사전적 정의대로 1인칭 혹은 3인칭 관찰자는 주인공의 관점 및 의식수준과 전혀 다른 제3자의 관점 및 의식수준에서 관찰 및 인식하는 비교적 객관적인 관찰자들입니다.

③ 전지적 작가 시점(全知的 作家 視點) : 서술자가 각 인물 및 존재의 상황이나 사건을 모두 알고 서술하는 시점.

작가의 의도에 맞게 전지적 관점을 갖고 이야기를 서술하는 시점입니다. 서술자가 소설 안에서 전지전능한 신처럼 모든 것을 알고 있기 때문에 전지적 작가 시점이라고 불립니다. 이때 서술하는 내용은 책 속의 세상에서는 최고의 객관성과 진실성을 갖게 됩니다.

소설의 시점별 관점	
1인칭 주인공 관점 삶의 주인공으로서 행위자 및 관찰자 관점 주로 주관적	전지적 작가 관점 모든 것을 알고 있는 전지적 관점 최고의 객관
1인칭 관찰자 관점 이야기 속에 등장하는 존재로서 제3자의 관찰자 관점 비교적 객관적	3인칭 관찰자 관점 이야기 밖에 있는 존재로서 제3자의 관찰자 관점 비교적 객관적

소설의 시점별 관점을 객관과 주관의 정의대로 정리한 표입니다. 중요한 것은 자기와의 관계에서 벗어난 제3자의 관점 및 의식수준에서 관찰하고 인식해야 객관이지 단지 관찰자의 관점이라고 반드시 객관이 아니라는 점입니다.

소설 속에서 신의 지위에 있는 작가에 의해 책 안에서 창조한 세상과 전하고 자 하는 내용이 만들어지므로, 소설의 진실성도 작가의 의식수준에 의해 결정됩니다. 즉, 소설에는 작가의 자연에 대한 의식수준만큼 인생의 진실이나 참모습 그리고 인생의 의미가 담겨 있습니다.

관찰자 - (제3자)객관적 - 객관성 - 진실성의 관계

관찰자가 객관적으로 인식한 것이 반드시 최고의 객관성과 진실성을 갖고 있는지요?

- **객관성 客觀性_ 표준국어대사전**
1. 철학 주관으로부터 독립하여 존재하는 대상 자체에 속하여 있는 성질.
2. 철학 주관에 좌우되지 않고 언제 누가 보아도 그러하다고 인정되는 성질.

객관성은 주관(主觀)에 좌우되지 않고 독립되어 있는 성질이나, 현실적으론 관찰자인 사람들이 주관적으로 인식된 공통의 성질을 편의상 객관성이라 합니다. 관찰자도 자신의 의식수준만큼 선입견과 편견에서 자유롭지 않기 때문에, 단순히 제3자의 관점에서 하는 객관적 인식이라도 객관성과 진실성을 보장하기 어렵습니다. 반대로 행위자 혹은 실험자도 우주에 대한 높은 의식수준으로 선입견과 편견에서 자유롭고, 비록 주관적이지만 냉철하다면, 주관적 인식이라도 오히려 객관성과 진실성을 포함할 확률이 높습니다. 결국엔 사람의 관점에서 갖는 객관성도 최고의 객관에서 갖는 객관성과 일치해야 진실성을 갖게 됩니다. 다만, 일반적인 의식수준에서 주관에 빠지기 쉬운 행위자에게는 관찰자 혹은 객관적 관점에서 제공하는 다양한 정보가 인식의 확장에 도움이 됩니다. 일반적인 의식수준의 사람이 객관성과 진실성에 다가가고자 할 때, 다른 관찰자나 다른 사람의 검증을 거치는 편이 더 나은 이유입니다.

소설에서 전지적 작가 시점에 도달하는 것이, 책 안에서는 최고의 객관으로 진실을 아는 방법입니다. 이와 마찬가지로 현실에서 우주 혹은 창조주인 신의 관점을 갖는 것이, 우리의 삶에서는 최고의 객관으로 진실을 아는 방법이 될 수 있습니다. 그래서 현실을 만든 창조주의 의식수준과 관점에서 관찰 및 인식한 것은 객관성, 진실성을 동시에 갖게 됩니다.

따라서 인식의 진실성은 어떤 의식수준을 갖춘 사람이 인식하는지에 의해 결정됩니다. 객관, 주관, 행위자 관점, 관찰자 관점보다 우주나 자연의 관점과 의식수준에서 인식할수록 진실성을 갖게 됩니다. 현상을 있는 그대로 볼 수 있는 인식수준이 되어야 객관성을 갖춘 진실한 삶을 이룰 수 있습니다.

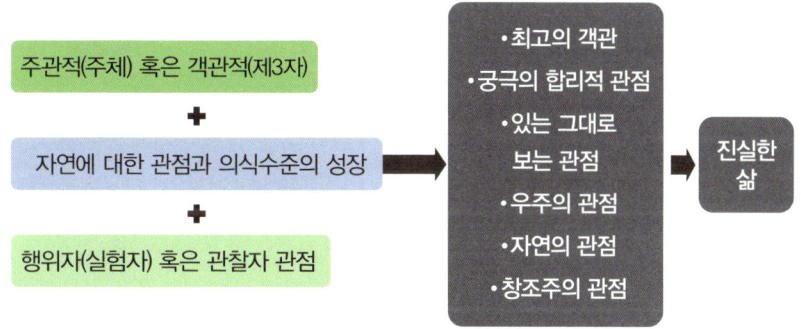

시간별 관점

① 과거의 관점 : 현재의식이 관찰하고 인식하는 기준점이 과거
② 현재의 관점 : 현재의식이 관찰하고 인식하는 기준점이 현재

③ 미래의 관점 : 현재의식이 관찰하고 인식하는 기준점이 미래

나의 현재의식이 과거의 특정 시간, 미래의 특정 시간, 현재에 기준점을 두고 대상(현상)을 살펴볼 수 있습니다. 예를 들면, 지금 내 상황을 현재의식 수준에서 과거(어린아이 때), 현재(성인), 미래(노인)의 관점을 갖고 인식하는 것입니다.

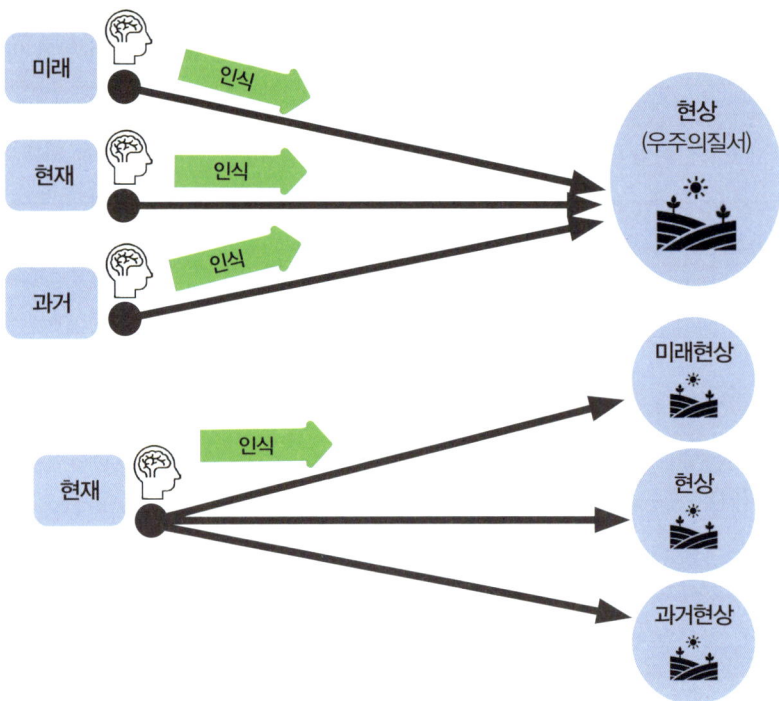

시간적 관점을 과거 현재 미래, 나의 탄생 전, 나의 탄생, 나의 죽음, 나의 죽음 후까지 확장해 볼 수 있습니다. 각자의 믿음이나 의식수준에 근거하여 시간별 관점의 범위를 더 확장하면 내가 태어날 때, 내가 수정란일 때, 인류의 시작, 지구의 시작, 우주의 시작인 빅뱅, 혹은 알려지지 않은 빅뱅 이전 등등 관점을 더

폭넓게 확장해 볼 수 있습니다.

미시적 관점부터 거시적 관점까지

① 기본입자부터 우주까지

현재는 과학기술의 발전으로 미시적 세계와 거시적 세계를 탐구하는 기술과 장치들이 개발되어 이를 통해 사람의 감각 범위를 넘어선 정보들을 얻고 활용하게 되었습니다. 즉, 사람의 감각을 넘어서는 고감각을 갖게 된 것입니다. 기존에는 사람의 감각 범위에 한정된 관점에서만 현상을 인식하고 살았지만, 이제는 우주에서 미시적 세계와 거시적 세계가 공존하고 있다는 새로운 관점을 갖는 것이 가능합니다. 따라서 우리는 미시적 관점(입자물리학)의 기본 입자부터 시작하여 거시적 관점(천체물리학)의 천체에 이르기까지 확장된 관점을 가질 수 있습니다. 이런 관점을 갖는 것은 나의 관찰 및 인식의 범위를 확장하여 의식의 성장을 이루는 데 도움이 됩니다. 현재는 과학기술의 발전으로 미시적 세계와 거시적 세계를 탐구하는 기술과 장치들이 개발되어 이를 통해 사람의 감각 범위를 넘어선 정보들을 얻고 활용하게 되었습니다. 즉, 사람의 감각을 넘어서는 고감각을 갖게 된 것입니다.

원자로 구성된 미시적 관점으로 나의 주위를 살펴보면 나와 나의 주변 물체들은 원자의 구성 및 밀도의 차이가 있는 원자 결합체들로 보일 것입니다. 사람은 생체원소(bioelement, 生體元素)로 이루어진 원자 결합체로 보일 것이며, 나와 다른 사람의 육체적 특성이나 차이는 평소 우리가 갖는 물체의 관점에서 인식한 것과는 다르게 인식될 것입니다. 우주에 대한 다양한 관점의 변화로 인식의 범위가 확장되어 우주의 원리나 앎에 대한 접근이 한층 더 쉬워집니다.[36]

기본입자(基本粒子, elementary particle) 〈 아원자 〈 원자
〈 분자 〈 물체 〈 지구 〈 태양계 〈 은하계 〈 천체 〈 우주

② 나의 존재 차원별 관점
 나의 존재 차원에 대한 다양한 관점은 나의 존재와 정체성에 대한 다양하며 깊이 있는 인식을 갖게 하며 나의 육체적, 정신적, 사회적 건강을 유지하는데 큰 도움이 될 것입니다.
 세포적(유전자 포함) 관점 〈 신체기관적 관점 〈 육체적 관점 〈 정신적 관점
 〈 개인의 관점 〈 가족 구성원의 관점 〈 사회 구성원의 관점 〈 국가 구성원의 관점 〈 지구 구성원의 관점 〈 우주 구성원의 관점

한 가지 대상이나 현상에 대한 다양한 관점

 동일한 대상이나 현상에 대한 다양한 관점으로 본질적 특성을 깊이 있게 관찰 및 인식할 확률을 높이는 방법입니다. 모든 관점에서 관찰하고 인식한다면 최고의 객관성을 갖게 될 것입니다. 한 주제에 대한 깊이 있는 관찰 및 인식으로 본질을 탐구할 수 있습니다. 예를 들면, 한 가지 표본을 다양한 종류의 특정 기계나 방법으로 표본의 본질적인 특성을 탐구하려는 경우, 몸이 아픈 곳의 원인을 알기 위해 다양한 진료과의 검사를 하여 근본 원인을 발견하려는 경우, 면접이나 실기시험에서 다양한 심사위원들의 의견을 모아 적합한 합격자를 선정하려는 경우가 해당됩니다.

여러 가지 대상이나 현상에 대한 다양한 관점

 여러 가지 대상이나 현상에 대한 다양한 관점으로 다양한 대상이나 현상에 대

한 전반적인 특성을 폭넓게 관찰하고 인식할 확률을 높이는 방법입니다. 여러 주제에 대한 폭넓은 관찰 및 인식으로 본질을 탐구할 수 있습니다. 다양한 삶의 상황에 적합한 관점으로 관찰하고 인식하여 적합한 판단과 해결방법을 사용하여 다양한 문제에 대응할 수 있는 다재다능 혹은 만능인 경우입니다. 예를 들면, 이지스 시스템(Aegis Combat System, ACS)은 록히드 마틴에서 개발한 현대 해전에서 대함 미사일 공격을 방어하기 위한 목표추적시스템 및 방공 미사일, 공격시스템과 이를 운용하는 통합 시스템입니다. 동시에 200개 이상의 목표를 자동 탐지·추적하고, 그 중 최대 24개의 목표를 동시에 공격할 수 있습니다.[37] 천수천안관세음보살(千手千眼觀世音菩薩)은 중생을 구제할 수 있는 천 개의 눈과 천 개의 손을 갖기를 발원하여 이루어진 관음으로, 눈과 손은 자비로움과 구제의 힘이 끝없음을 나타냅니다.[38] 만약 모든 현실에 대해 알고 행한다면 전지전능한 존재가 되는 것입니다.

위에 두 가지 다양한 관점에 대해 다음과 같이 표로 정리했습니다.

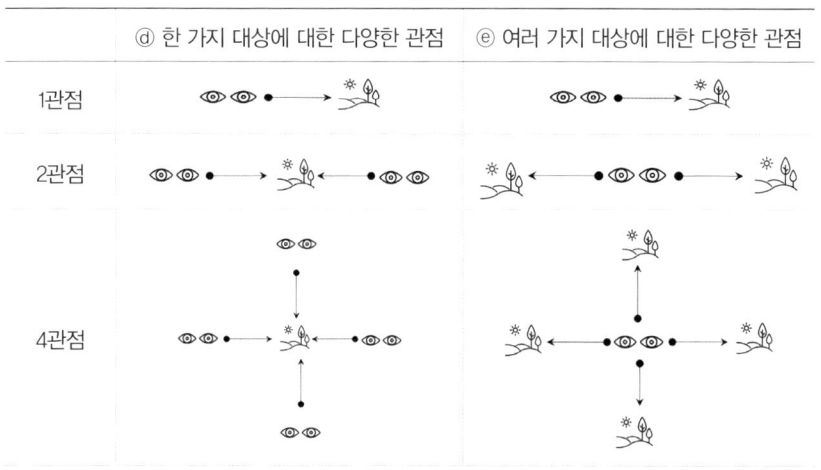

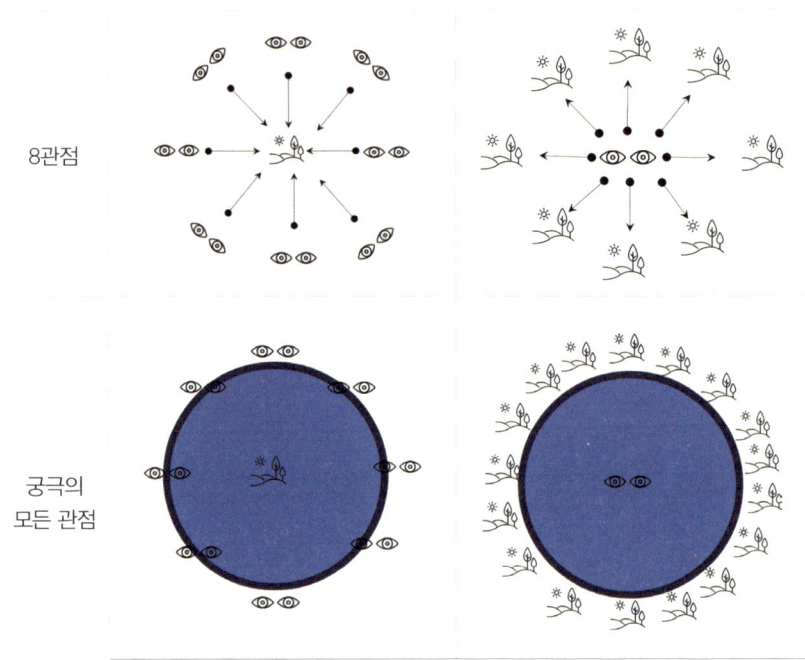

전지적 관점 = 최고의 객관 = 창조주의 주관

각종 주제별 관점

① 다양한 역할별 관점

　소비자, 생산자, 경영자, 남성, 여성, 예술가, 과학자, 부자, 성인, 기업가, 성공한 사람 등

② 다양한 학문 분야별 관점

　인문학적 관점, 경제학적 관점, 물리학적 관점, 화학적 관점 등

③ 인식 방법별 관점

　감각적 인식의 관점, 고감각적 인식의 관점, 초감각적 인식의 관점

④ 기타 등등

긍정적-부정적, 정-반-합, 종교관, 결혼관, 경제관 등

(3) 관점의 특성

관점에 의해 관찰하는 범위와 내용이 결정됩니다.

어떤 관점에서 관찰하는지에 따라서 주제에 대한 접근도에 큰 차이가 나며 관찰한 정보의 질과 양이 결정됩니다. 산 밑에서 바라보는 것과 산 정상에서 바라보는 시야(視野)가 다른 것처럼, 어떤 관점에서 관찰할지 결정하는지에 따라서 현상에서 얻는 자료(Data)나 정보(Information)의 수준이 달라집니다. 다양한 관점에서 관찰을 자주 시도한다면, 나의 뜻(意)에 맞는 지식과 앎을 형성하기 위한 풍부한 자료나 정보를 확보할 수 있습니다.

사실(事實) → 현상(現象) → 자료(資料) → 정보(情報) → 지식(知識)
→ 체험(體驗) → 앎(識) → 바른 앎[39]

관점에 의해 인식 수준이 달라지고 해석 및 판단수준이 달라집니다.

관점에 따라 관찰하는 정보와 인식이 달라지기 때문에, 새롭게 형성된 지식이나 앎을 근거로 새로운 선택이나 판단을 하는 새로운 사고방식을 갖게 됩니다. 긍정적 관점에서만 살펴보고 판단할 때와 부정적 관점을 추가하며 살펴보고 판단한 결과는 다를 수 있습니다. 습관적으로 고정된 관점만을 가진 경우, 편향된 자료나 정보만 지속적으로 인식하기 때문에 왜곡되고 편협한 해석 및 판단을 반복할 확률이 높습니다. 다양한 관점 변화는 주제에 대한 폭넓고 깊이 있는 인식을 통하여 객관성과 진실성이 있는 앎을 형성하여 바른 해석과 판단을 할 확률

을 높입니다. 관점의 변화는 성공적인 결과를 창출하는 효과적인 방법이 될 수 있습니다.

최적의 관점과 유지

기존에 성공적인 결과를 창출한 최적의 관점도 시간이 지난 후에는 고정된 관점이 되어 다양한 상황 변화에 부적합하여 틀린 판단과 결과를 나타낼 수 있습니다. 상황에 맞는 새롭고 적합한 관점이 있는지 늘 살펴보는 태도가 필요하며, 상황에 대한 관찰, 인식, 선택 및 판단 단계마다 선택한 최적의 관점을 찾아 일정하게 유지하는 것이 중요합니다. 관점의 지나친 변화는 너무 많은 정보가 들어오게 하여 오히려 생각을 혼란스럽게 하고, 반대로 너무 지나치게 고정된 관점은 편향된 정보가 들어오게 하여 오히려 생각의 유연성을 감소시키고 편협하게 만듭니다.

다양한 관점 및 새로운 관점과 창의성(創意性)

다양한 관점 및 새로운 관점에서 살펴볼수록 당연히 새로운 자료나 정보들을 찾을 확률이 더 높아지며, 새로운 지식과 앎을 형성하여 창의성을 발휘할 수 있습니다. 매일의 일상에서 누군가는 예술 작품을 만들고, 누군가는 발명품을 개발하고, 누군가는 사람들에게 필요한 재화나 서비스를 찾아서 사업을, 누군가는 사회현상을 살펴보고 투자를, 누군가는 과학적 발견을 하기도 합니다. 현재의 문제를 해결하거나 뜻한 목적을 이뤄가는 데 관점의 변화를 활용하면 현재 상황이나 문제를 효율적으로 바꿀 수 있는 창의적인 생각들을 찾을 수 있습니다. 반복적으로 얻게 되는 무의미한 자료나 정보에서 벗어나 창의성과 함께 유용성 있는 정보를 얻기 위해서는 다양한 관점 변화와 최적의 새로운 관점 변화를 적절하게 사용할 수 있어야 합니다. 인류가 갖는 모든 창의적인 생각은 이미 우주 안에 있었던 생각에 불과하기 때문에, 새롭게 알아차리는 창의성은 우리의 인식에서만 존재합니다. 우리가 우주의 관점을 갖는다면, 기존 인식의 틀을 넘어서는 창의적인 생각을 할 확률이 높아집니다.

관점 변화에는 현재의식의 수준이 가장 중요한 요소입니다.
뜻을 정하고(意定), 뜻과 주제에 적합한 관점을 선택하고 유지한 상태로, 관찰, 인식, 사고, 선택, 판단, 행동하는 주체는 현재의식입니다. 현재의식이 원하는 목적에 맞게 효율적으로 관점 변화를 일으키며, 관점의 수준도 의식 수준에 의해 결정됩니다.

관점을 통한 정체성 확인하기
일상에서 내가 쓰는 관점을 하나로 특정할 수 없습니다. 하지만 주로 머무르는 관점이 있고 그 관점을 통해 세상을 관찰하고 인식하며 살고 있습니다. 주로 머무는 관점은 일종의 프레임(frame)처럼 작용하여 고정된 인식의 틀이 됩니다. 주로 머무르는 관점을 통해 나의 존재를 관찰하고 인식하고 나의 존재감을 느끼며 살아갑니다. 결국 나라고 알고 있는 대상은, 주로 머무는 관점대로 나를 관찰하고 인식한 결과물입니다. 그래서 관점과 의식수준에 대해 세밀하게 탐구할수록 나에 대한 관찰과 인식수준이 달라지고 나의 존재와 정체에 대한 인식도 변화합니다.

관점과 운명 변화
운명의 변화를 이끄는 의식수준의 변화는 관찰에서 시작되며 어떤 관점을 가

졌는지에 따라 관찰 수준 및 인식 수준이 결정되어 이후 의식수준, 판단 및 행동까지 영향을 주게 됩니다. 특정 의식수준에서 형성한 특정 관점들에 머물며 생활하고 있기 때문에, 관점은 삶의 의식적인 활동에서 따로 뗄 수 없는 의식작용의 일부입니다. 당연히 어떤 관점을 취하는지 여부에 따라서 삶과 운명에 큰 영향을 주게 됩니다. 따라서 편의성, 효율성, 확장성, 다양성, 창의성을 갖춘 관점 및 관점 변화는 운명의 변화를 위해서 가장 먼저 해 볼 수 있는 기본적인 방법입니다.

PART 3

관점 및
의식수준의 변화

1장 관점 변화 방법
2장 의식수준의 변화 방법
3장 관점 및 의식수준의 습관과 생활화

관점 및 의식수준의 변화

　현재의식이 주체가 되어 특정 관점을 선택하고 그 관점에서 관찰 및 인식하고 판단하기 때문에, 인식과정에서 현재의식과 관점은 서로 맞물려 작용합니다. 그래서 관점과 의식수준의 변화가 동시에 일어난다면, 관찰 및 인식의 변화와 더불어 의식의 성장에 더욱 효과적입니다. 이번 Part 3에서 관점 및 의식수준의 변화 방법들을 통하여 인식 및 의식수준의 향상을 이루는 과정과 다음 Part 4에서 그 결과인 뜻하는 대로 성공하여 자유롭고 행복한 삶에 대해 소개합니다. 아직은 나의 마음수준에서 뜻하는 성공, 자유, 행복으로 편안한 삶에 도달한 상태입니다.

1장 관점 변화 방법

　관점 변화는 관찰 및 인식의 다양한 변화를 통하여 새롭고 유용한 지식이나 앎을 형성할 확률을 높입니다. 그만큼 의식의 성장과 의식수준의 변화를 일으킬 확률도 높입니다. 다양한 종류의 관점 변화가 있지만, 수직적 관점 변화와 수평적 관점 변화를 통한 의식수준의 변화에 대해 소개합니다. 실제로는 의식수준의 변화를 위해서는 두 가지 방식을 모두 사용해야 합니다.

(1) 수직적 관점 변화

: 현재 나의 의식수준에서 뜻하는 주제나 존재의 관점을 추구하는 방법

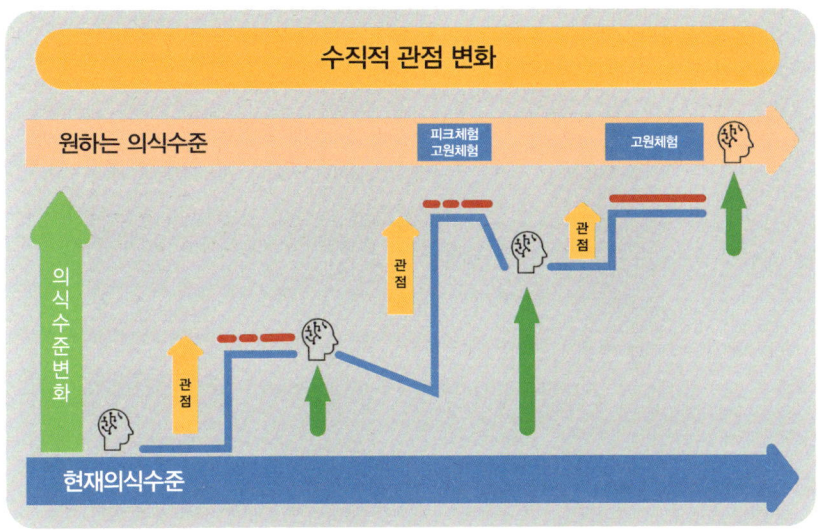

현재의식이 뜻하는 주제나 존재의 관점으로 비약적인 관점 변화를 추구하는 방식으로 이를 수직적 관점 변화라고 합니다. 이 방식은 현상에 대한 수직적 관점 변화를 통하여 상위 차원의 지식과 체험을 추구하여, 차원이 다른 앎을 형성하고 현재의식수준을 도약하듯 향상시키는 과정을 포함합니다.

수직적 관점 변화를 통하여 새로운 차원의 정보를 얻게 되는 일시적인 체험인 피크체험(peak experience)이나 일정기간 유지되는 체험인 고원체험(plateau experience)이 나타납니다. 여행, 독서, 강의, 운동, 명상, 꿈, 맛집 탐방, 업무 등 나의 삶에서 새로운 차원의 정보를 얻게 된 모든 체험들을 의미합니다. 여기에는 모든 비일상적인 의식상태인 변성의식상태(altered state of consciousness,

變成意識狀態)에서 하는 체험도 포함됩니다. 이런 경우 상위 차원의 의식수준에 해당하는 지식이나 앎을 형성할 확률이 더 높아집니다.

중요한 점은 피크체험이나 고원체험을 통해 얻은 정보도 현재의식수준에서 깊이 있게 탐구하고 이해하는 과정이 없다면 지식이나 앎을 형성하지 못하여 의식수준의 향상에 쓰이지 못한다는 점입니다. 예를 들면, 꿈속에서 원하는 존재가 되어 현실감 있게 새로운 차원의 행복감을 체험한 후에, 그 체험에 대한 이해를 통하여 지식이나 앎을 만들지 못하면 의식수준의 변화는 일어나지 않습니다. 그냥 지나가는 한순간의 행복했던 꿈일 뿐입니다.

(2) 수평적 관점 변화

: 현재의식수준에서 다양한 관점을 갖는 방법

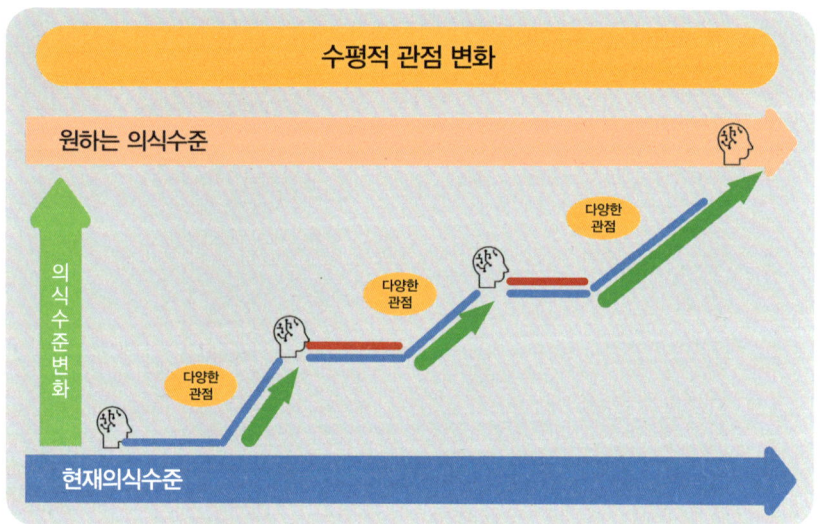

현재의식수준에서 다양한 관점 변화를 추구하는 방식으로 이를 수평적 관점 변화라고 합니다. 이 방식은 현상에 대한 수평적 관점 변화를 통하여 다양한 지식과 체험을 종합적으로 탐구하여, 폭넓은 앎을 형성하고 현재의식수준을 점진적으로 향상시키는 과정을 포함합니다. 현재인식 및 의식수준에서 비교적 쉽게 이해가 가능한 풍부한 지식이나 체험을 통해 의식수준의 변화를 일으키는 것이 특징입니다. 피크체험이나 고원체험이 없더라도 의식수준의 점진적인 변화가 가능합니다.

2장 의식수준의 변화 방법

현재의식을 기준으로 상위 차원인 영혼, 마음, 마음작용부터 하위 차원인 느낌, 생각, 판단, 육체적 행위까지 각각 요소들은 서로 상호작용하는 관계에 있습니다. 상위 차원과 하위 차원의 모든 변화는 현재의식의 변화를 일으킵니다. 물론 역으로, 현재의식의 변화가 상위 차원과 하위 차원의 변화를 일으키는 것도 가능합니다. 현재의식은 의식수준의 변화를 실행하는 주체이며, 동시에 변화의 대상이 되는 중요한 위치에 있습니다.

여기서 현재의식수준에 특정한 변화를 일으키는 방법을 의식수준의 변화 방법이라고 합니다. 여기서도 의식수준의 변화를 일으키는 방식에는 다음과 같이 하향식과 상향식이 있습니다. 주제 및 상황에 따라 가장 적합한 방식을 선택한다면, 그 방식에 알맞은 의식수준의 변화 방법도 결정됩니다.

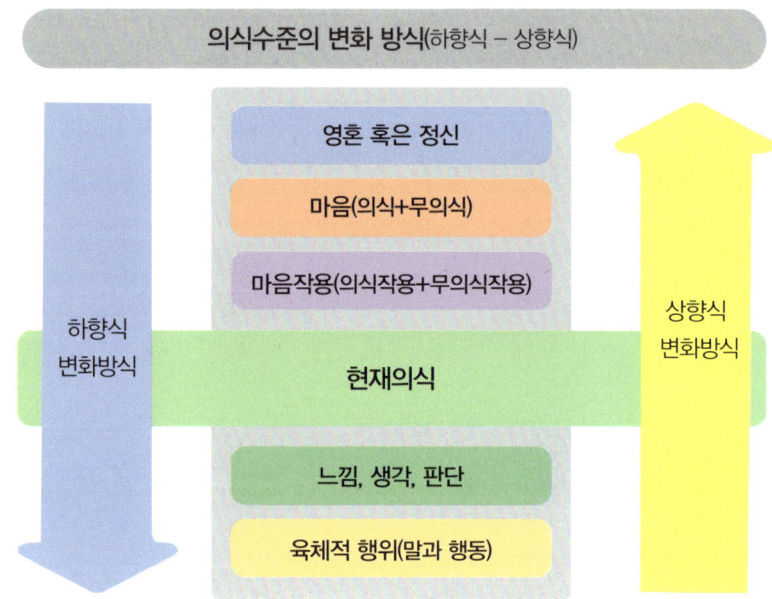

- **하향식 방식**

　현재의식이 상위 차원인 영혼(혹은 정신)이나 마음수준을 변화하도록 하여 현재의식수준을 변화시키는 방식입니다. 생명체인 자신의 정체에 대한 탐구, 전일성에 대한 인식 및 회복, 영적 성장 등이 해당됩니다. 상위 차원의 변화를 일으키는 위해서는 이해력이 꼭 필요하기 때문에, 진행상 다소 복잡하고 난해한 단점이 있습니다. 반면에 하위 차원까지 광범위하며 지속적인 변화가 나타나는 장점이 있습니다.

- **상향식 방식**

　현재의식이 하위 차원인 육체적 행위인 말과 행동을 변화하거나 느낌, 생각,

판단을 변화하여 현재의식수준을 변화시키는 방식입니다. 언어 및 행동생활 바꾸기, 유익한 감각적 인식, 파동에너지 활용하기, 생각잘하기 등이 해당됩니다. 새롭게 생각하고 말하고 행동하는 실천을 하기 때문에 현실적인 변화가 **빠르게** 나타납니다. 이 중 감각적 인식과 주위 파동에너지를 활용하는 수동적인 변화 방법은 편의성이 있는 반면에, 상위 차원의 변화를 일으키는 것이 상대적으로 어렵고 의식수준의 변화가 국소적이며 일시적인 단점이 있습니다.

이 책에서는 6가지 의식수준의 변화 방법을 소개하고 있습니다. 기존 의식수준에서 시작하여 원하는 의식수준으로 변화하는 방법들이며, 아래 그림에 정리하였습니다.

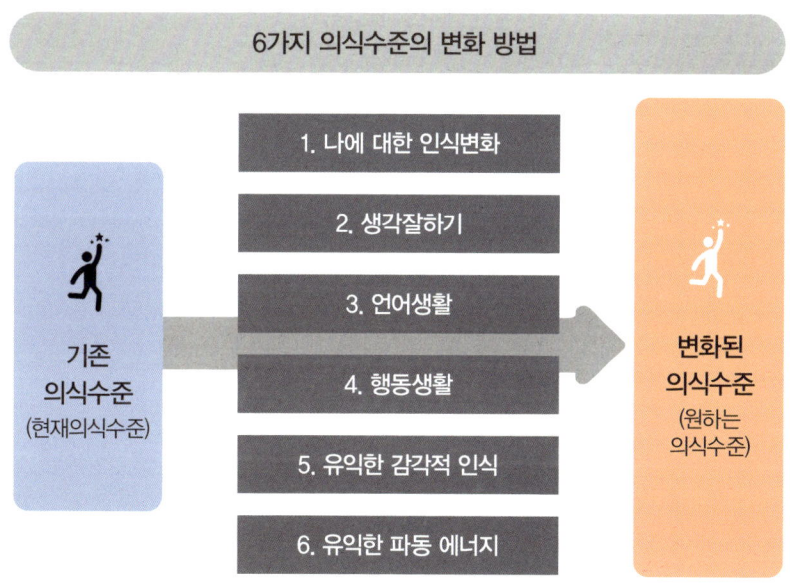

자신이 원하는 의식수준에 따라서 적합한 변화 방식과 방법을 선택하고 실행

하길 추천합니다. 모든 방법이 효과가 있지만 궁극적인 의식수준으로 변화하기 위해서는 1번, 2번 방법이 반드시 필요하여, 지금보다 건강하고 편안한 의식수준으로 변화하기 위해서는 4번, 5번, 6번 방법을 주로 사용합니다.

(1) 나에 대한 인식의 변화

'너 자신을 알라.'
델포이의 아폴론 신전에 새겨진 격언(格言)

나의 정체성에 대한 탐구

　나의 존재를 알기 위해 존재의 특성을 탐구하듯이, 나의 정체를 알기 위해서도 정체성을 탐구해야 합니다.

　나의 정체성을 탐구하는 방법은 다음과 같습니다.
　① '알고 있는 나의 정체성'을 명확하게 인식하고
　② '잘못 알고 있는 나의 정체성'을 찾아 교정하거나 없애고
　③ '모르고 있는 나의 정체성'을 탐구하여 알고 있는 나의 정체성으로 전환하고
　④ '궁극적인 나의 정체성'이 무엇인지 알아보는 것입니다.

　이런 과정을 통하여 '알고 있는 나'의 영역은 증가되고 '모르고 있는 나', '잘못 알고 있는 나'의 영역은 줄어들게 됩니다. '알고 있는 나'의 영역이 확장될수록 나에 대해 더 잘 안다고 보면 됩니다. 나의 정체에 대해 한꺼번에 모든 것을 알기 어렵지만, 정체성을 탐구하여 바르게 인식하는 과정을 통해 나에 대한 이해와 함

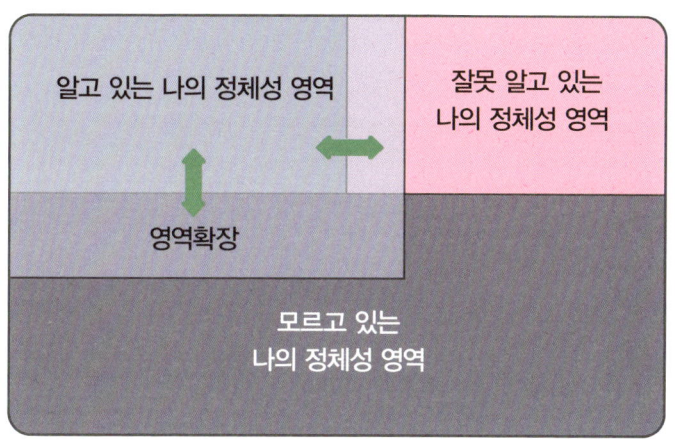

께 의식수준의 변화가 같이 나타납니다.

나의 정체에 대한 4가지 관점

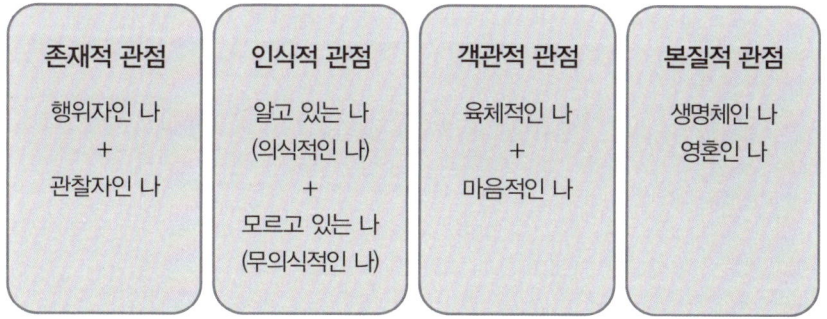

나의 정체는 관점에 따라서 다양한 정의가 있겠지만, 그 중 일상에서 자주 만나게 되는 4가지 관점을 살펴보겠습니다. 나를 행위자 혹은 관찰자의 존재로 보는 경우, 나에 대해 바르게 인식하고 있는가를 보는 경우, 나를 육체와 마음의

결합체라고 객관적으로 보는 경우, 나를 본질적 개념으로 접근하여 보는 경우가 있습니다.

① 존재적 관점
    행위자로서 성실한 삶
    관찰자로서 나와 삶을 살펴봄으로써 나에 대한 인식 확장과 생각 및 행동 조절
② 인식적 관점
    알고 있는 나에 대해 명확하게 인식
    잘못 알고 있는 나에 대해 교정하여 바르게 인식
    모르고 있는 나에 대해 바르게 인식
③ 객관적 관점
    육체 및 마음을 다양한 차원에서 객관적으로 인식하고 그 작용을 조절
④ 본질적 관점에서 영혼인 나, 생명체인 나
    영혼으로 이루어진 본질적 존재가 나라고 이해하여 나의 정체에 대한 인식 수준의 향상
    생명체로서 나의 명(命)을 알면, 나의 존재 이유와 방향성에 대한 명확한 인식

여러 관점으로 살펴본 나는, 본래 하나의 존재이기 때문에 한 가지 관점의 나에서 변화가 일어나면 본래의 나도 변화한 것이 되므로 다른 관점의 나도 달라집니다. 이렇게 변화된 나에 의한 생각과 행동의 변화는 의식수준의 변화를 일으킵니다. 그 중에 특히 생명체로서 운명이 바뀌면 내 존재의 역할이 바뀌는 것이므로, 생명체인 나의 명(命)을 알고 변화하면 나머지 차원의 나뿐만 아니라 삶까지도 크게 달라집니다.

나에 대한 인식의 변화 과정 및 그 효과

의식수준이 변화하지 않아도 관점의 변화만으로도 나의 정체성에 대한 인식변화는 시작됩니다. 행위자에서 관찰자의 관점을 갖는 것만으로도 나의 정체성에 대한 인식의 변화가 나타나기 때문에, 이렇게 간단하게 할 수 있는 방법부터 실행하는 것이 필요합니다.

'모르고 있는 나'에 의해 부정적인 결과가 나타나면, '그건 내가 한 게 아니야' 혹은 '모르고 한 일이야'라고 자신을 부정하며 결과에 대한 책임으로부터 도피 혹은 회피하려는 반응이 일어날 수 있습니다. '알고 있는 나'에 의해 부정적인 결과가 나타나면, 자신을 정당화하기 위해 자기합리화(自己合理化), 확증편향(確證偏向)과 같은 심리적 방어기제가 작용합니다. 특히 '잘못 알고 있는 나'로 인하여 자신에 대한 왜곡된 인식이 많을수록, 이런 왜곡된 반응은 훨씬 더 강하게 나타납니다. 이렇듯 정체성 탐구 과정에서 불편하고, 숨기고 싶고, 인정하고 싶지 않은 나의 정체성을 마주하게 된다면, 부정-분노-타협-우울감-수용의 심리상태의 변화과정[40]을 체험하게 됩니다. 나의 정체성에 대해 솔직하게 인정하고 수용하는 단계에 도달하는 것도 쉽지 않은 일입니다. 따라서 자신의 정체와 정체성에 대해 바르게 인식하기 위해서는 자신에 대해 정직하고 진실한 태도가 필요합니다.

정체와 정체성에 대한 탐구를 시작하면 먼저 나에 대해 잘못 알거나 모르는 것이 많다는 사실을 깨닫게 됩니다. 자신감이 없어서 불안한 상태에서 나에 대한 부정적인 인식이 늘어나는 경우, 자신에 대한 불신감과 불안감이 더 증가할 수 있습니다. 이런 부정적인 감정은 정체성에 대한 탐구나 인식변화를 중단하고 '기존의 나'로 돌아가려는 관성을 일으킵니다. '기존의 나'대로 생각하고 행동하고 사는 것에 큰 문제나 불편함이 없을 때는 변화가 필요 없겠지만, 삶을 원하는 방향으로 제대로 변화하고 싶을 때는 '새로운 나'로의 변화는 계속되어야 합니다. '기존의 나로 되돌아가려는 이런 관성에서 벗어나 '새로운 나'로 거듭나기 위해서는 용기와 결단이 필요합니다 물론 나에 대한 기존의 인식을 근거 없이 쉽게 바꾸는 것도 문제이기 때문에, 신중한 태도를 갖는 것은 당연합니다.

정체성에 대한 인식의 변화는 불편하고 고통스럽기 때문에 피하고 싶지만 그 수고로움만큼 근본생각부터 바뀌게 하여 자신의 존재와 삶의 수준까지 폭넓게 변화시키는 장점이 있었습니다. '나는 누구인가 무엇을 하려 하는가?'라는 질문에 대한 답을 알아갈수록 나의 정체와 정체성을 깊이 탐구하게 되어, 나에 대한 왜곡된 인식에서 발생한 문제들은 자연스럽게 해결될 것입니다.

정체성에 대해 알아갈수록 자신에 대한 과대평가로 나타난 지나친 자존감(自尊感)과 자신감(自信感)은 줄어들게 되며, 반면 자신에 대한 과소평가로 나타난 부족한 자존감과 자신감을 회복하게 됩니다. 또한 정체성에 대해 알아갈수록 삶의 방향성과 목표가 분명해지며 불필요한 욕구(need, 欲求)와 채울 수 없는 욕망(desire, 欲望)에 휘둘리지 않고 자유로워지기 때문에 자신의 본래 역할을 존중하고 이해하게 됩니다. 이런 효과는 진정한 자아존중과 자아실현을 하기 위한 기초가 됩니다.

정체성에 대한 인식의 변화는 다양한 가치판단의 기준이 되는 가치관(價値觀)을 변화하게 만듭니다. 가치관에 의해 '맞다, 틀리다, 행복하다, 불행하다, 좋다, 안 좋다' 등의 여러 가지 가치판단을 통해 삶의 방향을 선택하며 살아가기에 가치관은 각 개인의 고유한 존재특성입니다. 일반적으로 중심(中心)은 나의 마음에서 한가운데이며 삶의 밑바탕이 되는 기본적인 마음입니다. 사실 우리는 각자 자신의 중심에 근거한 가치관대로 삶을 살아가고 있습니다. 보통 자신만의 명확한 가치관을 일관되게 유지하는 것을, 보통 '주관이 뚜렷하다', '줏대 있다'라 표현합니다. 그러나 근심 환(患)이란 한자를 살펴보면 마음(心)의 중심이 두개(串)가 되어 근심이 됩니다. 나의 마음을 정하지 못하여 마음이 두개로 나눠지면, 가치관의 혼란으로 명확하고 일관된 생각이나 가치판단을 하기가 어렵기 때문에 두 가지 이상의 목표나 욕구가 충돌하여 갈등(conflict)을 하게 됩니다. 그래서 여러 개의 중심을 갖게 되면 혼란스럽고 불안한 삶을 살게 되고, 한 가지 중심을 갖게 되면 비교적 안정된 삶을 살게 됩니다. 가치관이 분명할수록 빠르고 명확한 판단이 가능하기 때문에, 삶을 효율적으로 안정적으로 살아갈 수 있습니다. 그러나 나의 마음수준을 넘어서는 한계상황을 맞이하게 된다면, 기존의 가치관으론 판단 자체가 불가능한 상황에 놓이게 됩니다. 이런 경우에 현재 나의 중심을 본래의 중심(中心) 혹은 본성으로 옮기면, 최고의 가치관을 갖고 합리적이며 지혜로운 가치판단을 하며 살아가는 존재가 될 수 있습니다. 즉, 나의 중심이 본래의 중심에 가까워지도록 성장해야 합니다. 여기서 본래 중심의 중(中)은 한가운데가 아닌 공자 〈중용〉의 중(中)과 같이 '지나치거나 모자르지 않으며, 치우침이 없는 알맞음'을 의미합니다.

지금보다 나의 정체에 대한 인식 및 의식수준이 높아질수록, 삶에서 중심(中心)을 유지하게 되어, 불안하거나 위태로운 일이 점점 줄어들 것입니다.

지피지기면 백전불태(百戰不殆)[41]

적을 알고 나를 알면 백 번의 싸움에도 위태롭지 않다.
적을 모르지만 나라도 알면 한 번씩은 이기고 진다.
적도 모르고 나도 모르면 매번 위태롭다.

(2) '생각잘하기' 위한 방법들

지금 내 생각을 살펴보면 생각이 일어난 마음을 알 수 있고, 지금 내가 생각하면 생각을 일으킨 마음을 사용하고 있는 것입니다. 지금 내 생각이 달라진다면, 나의 마음에도 어떤 변화가 있는 것입니다. '생각하기'는 의식적으로 마음을 사용하는 방법이므로, 생각하는 의식수준에 따라서 마음을 사용하는 수준이 달라집니다. 만약 의식수준이 순수의식수준에 도달한다면, 현재의식은 순수의식, 즉 본성(本性)에 근거한 생각을 할 수 있습니다. 이 책에서는 이러한 순수의식수준에서 하는 생각하기를 '생각잘하기'라고 합니다. 따라서 생각을 잘하기 위해서는 의식수준이 향상되어야 하기 때문에, '생각잘하기' 위한 방법들은 의식수준을 향상시키는 방법들이기도 합니다.

주로 생각을 통해 내면적으론 의식과 마음을 사용하고, 외면적으론 의식적인 말과 행동을 하기 때문에 생각하기에 따라서 운명과 삶의 많은 부분이 결정됩니다. 그래서 생각을 잘하게 될수록 운명과 삶의 변화는 효율적으로 진행될 것입니다. '생각잘하기'는 원하는 운명과 삶의 문을 열 수 있는 운명 변화의 마스터키(master key)라고 생각합니다.

**생각 잘하는 사람= 최고의 합리적 사고를 하는 사람 = 지혜로운 사람
= 궁극의 진리대로 생각하는 사람 = 있는 그대로 생각하는 사람**

'생각잘하기'를 위한 효율적인 방법들은 아래 3가지 조건을 갖추어야 합니다.
① 현재의 생각(念) 수준을 순수의식수준까지 도달시킬 수 있는지
② 의식수준을 빠르게 향상시킬 수 있는지
③ 그 방법을 자주 그리고 비교적 쉽게 실행할 수 있는지

이 책에서는 ①, ②조건을 충족하기 위해 명상(瞑想·冥想, meditation)과 지관(止觀)이라는 핵심원리를 기준으로 명상법들을 살펴볼 것입니다. 명상(冥想)은 편견이 가미된 생각(상, 想)을 어둡게 한다(명, 冥)라는 의미를 담고 있습니다.[42] 지관(止觀)은 뜻하는 한 가지 주제에 대한 지속적인 관찰 및 알아차림을 의미하며, 궁극에는 바른(正) 관찰 및 알아차림을 의미하기도 합니다.[43] ③조건을 충족하기 위해 일상에서 할 수 있는 구체적인 방법으로 깨달음(깨어있기–질문–깨닫기), 토론 및 일상대화법도 살펴보겠습니다. 이런 방법들은 지속적인 관찰 및 알아차림과 동시에 편견이 가미된 생각을 제거하면, 사람 안에 이미 내재된 순수의식수준의 생각이 저절로 드러난다는 원리를 바탕으로 하고 있습니다.

명상과 명상법(冥想法)

편견이 들어간 생각(상)에서 벗어나는 명상(冥想)을 하는 방법이 명상법입니다.

"여기서 상은 잘못된 지식–정보와 감각기관으로 인한 불완전성 때문에 대상을 잘못 해석하고 있다는 전제가 깔려 있습니다. 상(想)이 모여 앎이 되므로 상에서 편견이 가미된 것을 없애면 제대로 된 상이 되고 제대로 된 앎이 될 수 있습니다."[44]

대부분의 사람들은 '명상법' 하면 주로 앉아서 하는 정좌명상이나 호흡에 집중하는 호흡명상을 떠올립니다. 한 가지 대상에 집중하여 다른 잡념이 사라지고 자신의 존재감을 느끼는 상태에 머물러 평온함을 느끼는 것이 명상의 목표이자 핵심처럼 알려져 있습니다. 그러나 '명상'은 마음에서 왜곡된 선입견이나 편견이 가미된 생각(상, 想)을 제거하는 의식적인 과정입니다. 이런 관점에서 본다면, 일시적인 고요함과 평온함은 명상 과정 중에 주의·집중하여 몰입된 상태에서 나타나는 유익한 중간 과정일 뿐입니다. 뜻하는 주제와 현재의식이 일체가 되어 개체성에 치우친 마음이 완전히 사라지며 지속적인 고요함과 평온함에 머무르는 상태(삼매, 三昧)가 되면, 편견이 완전히 사라진 채로 인식하는 상태인 무상(無想)한 상태에 이르게 되는 것이 명상법의 최종 목표입니다.

"자신의 개체성이 사라짐으로써, 생각하는 나인 '주체'가 생각하는 주제인 어떤 '객체'만 남아, 대상과 내가 하나되는 주객일여를 체험하기 때문입니다. 감각의 방해와 선입견에 오염되어 나타난 개체의 판단이 사라지고 내재된 본래의 앎이 그대로 드러납니다."[45]

이런 명상 개념에는 마음에서 편견을 지울수록 본질을 있는 그대로 알 수 있다는 원리가 포함되어 있기 때문에 제대로 된 명상법은 본질을 인식하는 방법입니다. 좀 더 생각해보면, 편견이 포함된 마음대로 인식하는 것은 오히려 쉬우며, 마음속의 편견이 완전히 사라져 본질을 인식하는 것이 훨씬 더 어려운 일임을 알 수 있습니다.

명상이 편견을 지우는 의식적인 행위라고 한다면 명상법의 범위는 확대되어 더욱 다양한 방법들이 존재합니다. 편견을 지우거나 사라지게 하는 모든 방법이 명상법이 됩니다. 그 중에 명상을 하기 위한 효율적인 방법을 명상법이라고 규정합니다.

① 의식작용을 기준으로 명상법을 구분하면 다음과 같습니다.
- 집중명상법
  특정 주제에 대하여 집중 관찰하기 ⇒ 주제에 대한 몰입 ⇒ 다른 잡념 제거 ⇒ 대상에 대한 편견이 없이 주제와 내가 하나된 상태 ⇒ 특정 주제에 대한 새로운 앎(깨달음) 형성 ⇒ 의식변화
- 통찰명상법
  있는 그대로 관찰 ⇒ 대상에 대한 비교적 객관적 관찰 ⇒ 대상과 내가 분리 ⇒ 대상에 대해 비교적 객관적으로 알아차리는 상태 ⇒ 관찰한 주제에 대한 새로운 앎(깨달음) 형성 ⇒ 의식변화

② 몸의 움직임을 기준으로 명상법을 구분하면 다음과 같습니다.
- 정적(靜的) 명상 : 육체적 움직임을 최소화한 상태로 하는 명상.
  앉아서 하는 좌식(정좌)명상, 서서 하는 입식명상, 누워서 하는 와식명상
- 동적(動的) 명상 : 육체적 움직임이 있는 상태로 하는 명상.
  걷기 명상, 춤 명상, 일상에서 움직이며 하는 명상, 하타요가(Hata yoga), 운동, 자발공, 다우징

③ 그 외 다양한 명상법들
- 선(禪)
  마음을 가다듬고 정신을 통일하여 깨달음의 경지에 도달하게 하는 불교수

행법[46]

간화선 혹은 화두선(불교 임제종), 묵조선(불교 조동종)
- 베이컨(Bacon, Francis 1561~1626)의 우상론(偶像論)
사람의 올바른 판단을 막는 장애 요인을 우상(偶像, Idols), 즉 사람의 선입견이나 편견.
- 소크라테스식 문답법
상대방과 질문과 답을 되풀이하여 상대방이 진리에 무지한가를 깨닫고 자각하도록 하는 진리탐구의 방법
- 사고력 기르기 : 바른 과학적 사고, 합리적 사고, 식대화(識大化)
앎의 영역을 넓혀 인식의 수준이 높여서 완전한 의식수준으로 인식의 전환을 이루는 방법[47]

뜻하는 주제에 대한 왜곡된 편견을 지우기 위한 가장 효과적인 방법 혹은 수단을 선택하는 것일 뿐 결국 완전한 명상 상태가 되는 것이 최종 목표입니다. 일상적인 삶에서 불필요한 편견을 지우려는 뜻을 갖고 본질을 알고자 관찰 및 알아차림을 지속한다면, 그런 삶 자체가 명상 과정이며 명상법이라 할 수 있습니다. 우리가 삶에서 지식을 배우고 체험하여 왜곡된 편견이 사라진 새로운 앎, 즉 깨달음이 생겼다면 명상을 한 것과 같습니다. 이런 작은 깨달음들이 계속 쌓여서 큰 깨달음에 도달하는 것이므로, 선택한 주제에 대한 지속적인 관찰 및 알아차림인 '지관'이 반드시 필요합니다.

지관과 지관법(止觀法)

다양한 주제 중 한 가지 주제를 선택하고 집중하여 지속적인 관찰과 알아차림

을 하는 지관을 통하여 편견이 사라진 궁극의 깨달음 상태에 도달하는 방법입니다.[48]

삶의 다양한 상황에서 주제에 대한 뜻을 유지한 채 관찰과 알아차림을 지속적으로 하면, 뜻과 관련된 앎을 계속 만들 수 있습니다. 지나가는 대화, 우연히 접한 책, 영화 등 각종 매체, 갑자기 떠오른 생각, 내가 처한 상황, 우연히 만난 사람 등등 예측하지 못한 다양한 곳에서 특정 주제에 대한 앎을 얻을 수 있습니다. 이런 앎들이 지속적으로 쌓여 깊어질수록 의식수준이 향상되어 편견이 사라진 새로운 앎인 깨달음이 오게 됩니다. 이런 깨달음이 쌓여 편견이 완전히 사라진 궁극의 깨달음에 도달하는 것입니다.

또한 한 가지 특정 주제에 대한 몰입으로 인하여 삼매에 도달하게 된다면, 개체성에 근거한 마음의 판단작용이 사라진 무상한 상태인 명상이 되어 직관한 정답을 알게 됩니다. 이 과정도 일종의 지관법에 해당합니다.

- 무념무상(無念無想) : 잡념에 대해 무념이 되어 무상이 된 상태
- 일념무상(一念無想) : 한 가지 주제에 집중하여 일념이 되어 무상이 된 상태[49]

무념(無念)은 선택한 주제에 대해 알고자 하는 지금 내 생각은 하나 남아야 하기 때문에 무의식 상태와는 다릅니다. 무상(無想)한 상태에 도달하는 데 방해되는 불필요한 잡념에서 완전히 벗어나 있는 상태를 의미합니다. 현재의식의 작용을 한 곳에 강하게 집중하며 유지하는 상태이며 오히려 잡념에서 완전히 벗어나기 위한 강력하고 명료한 의식상태입니다.

그래서 무념이 된 것은 지금 내 생각이 한 가지 주제에만 집중된 상태인 일념(一念)이 된 것과 같기 때문에 결국 무념으로 일념이 된 것과 같습니다. 그 상태

에선 편견 가득한 상(想)은 저절로 사라지기 때문에 선택한 주제에 대한 정답이 저절로 드러나게 됩니다.

의식작용은 본래 우주의 원리인 성에 그 뿌리를 두고 있습니다. 현재의식이 선택한 주제에 대하여 무념 혹은 일념이 될수록 편견이 사라진 무상이 되면서 본질에 가까운 생각이 저절로 드러나는 것입니다. 마음에서 버려야 하고, 놓아야 하고, 비워내고, 사라지게 해야 하는 것은 마음에 있는 잡념이며, 마음에서 하나로 집중하여 유지해야 하는 것은 선택한 주제에 대한 일념입니다. 직관적인 사고나 창의적인 사고도 이런 원리에 의해서 나타나게 됩니다.

사념처(四念處) 명상법

인식의 주체인 현재의식이 네가지 주제인 사념처(신身, 수受, 심心, 법法)에 대한 관찰 및 알아차림(인지認知, 인식認識)을 하는 명상법입니다.

- 신념처(身念處) 수행 : 몸을 관찰하고 알아차림
- 수념처(受念處) 수행 : 느낌 또는 감각을 관찰하고 알아차림
- 심념처(心念處) 수행 : 마음 또는 의식을 관찰하고 알아차림
- 법념처(法念處) 수행 : 법을 관찰하고 알아차림(여기서 법(法)은 인식적 관점에서 내가 진리나 사실처럼 인식하는 모든 대상을 뜻하며, 본질적 관점에서 우주의 원리 혹은 진리를 뜻하는 중의적 단어입니다.)

사념처(四念處) 수행은 나에 대한 관찰 및 알아차림을 통하여 나에 대한 다양한 정보를 알 수 있고, 의식작용의 관찰력, 인지력, 의지력, 집중력, 정신적 지구력, 통찰력을 증가시키는 효과적인 방법입니다.

① 불필요한 자극을 줄이기

때로는 눈을 감고 하는 이유는 시각을 통한 다양한 자극이나 느낌을 일부 차단하거나 줄여서 의식작용을 원하는 주제에 더 집중시키기 위한 목적입니다. 방해받지 않는 장소나 명상을 하기에 더 유리한 공간에너지가 있는 장소에서 시작하는 것도 좋습니다.

② 알아차리기 쉬운 한 가지 주제부터 단계별로 시작하기

사념처 중 한 가지 주제를 정하여 관찰하고 알아차림을 하는 것입니다. 처음부터 빠르고 미세한 차원의 흐름인 마음(心)이나 심층적 차원의 법(法)을 관찰하고 알아차리기 어렵기 때문에 상대적으로 느리고 거친 차원의 흐름인 몸(身)이나 느낌(受)을 알아차리는 연습을 먼저 하는 것입니다. 주로 호흡명상부터 하는 이유는 호흡을 통한 심리적 안정을 유도하는 효과도 있지만, 고정된 자세를 취할 경우 일정하게 유지되는 호흡과 관련된 감각들이나 움직임을 지속적으로 관찰하고 집중하기 편리하기 때문입니다. 몸의 자세나 움직임들부터 감각적인 느낌, 그리고 정서, 생각, 사고까지 알아차림을 연습하고 이후 빠르게 스쳐 지나가는 미세한 생각들까지 알아차리게 되면 나의 마음과 마음작용에 대해 더 명확하게 알 수 있습니다. 다른 곳에 집중되어 있는 의식작용을 알아차리고, 원하는 주제로 의식작용을 집중하는 일종의 의식작용의 근력을 키우는 방법입니다. 또한 의식작용의 근력이 강할수록 잡념(雜念)에서 능동적으로 벗어날 수 있는 효과도 나타납니다.

③ 4가지 주제에 대한 비의도적인 관찰과 알아차림

4가지 주제에 대한 의도적 관여 없이 자연스럽게 주제가 바뀌는 대로 지속적으로 의식작용의 흐름을 관찰하고 알아차리는 방법입니다. 지금 나의 마음수준에서 중요하게 다루는 방향대로 흘러가며 주제가 다양하게 변화하는 것까지 알

아차리는 것으로, 나의 마음에 대해 더 폭넓게 살펴볼 수 있는 기회입니다. 몸의 자세, 육체적 감각, 정서, 생각들을 수시로 넘나들며 쉼 없이 작용하는 의식작용의 특성을 체험할 수 있습니다.

④ 4가지 주제에 대한 지속적인 관찰과 알아차림

4가지 주제에 대한 의도적인 관여로 원하는 주제들을 의도적으로 선택하고 집중하며 유지할수록 더 다양하고 깊이 있게 관찰하고 알아차릴 수 있습니다. 그만큼 새로운 앎을 형성하여 의식수준이 향상될 기회가 많아집니다.

⑤ 최고의 주제인 '법(法)'에 대한 관찰과 알아차림

한층 더 연습하면 내가 진리라고 믿거나 알고 있는 나의 법(法)을 알아차리게 됩니다. 매 순간 나의 가치판단의 기준으로 생각, 판단, 행동의 근거이며, 나의 중요한 정체성이고 내 삶의 제1원리이기도 합니다. 알아차림이 나의 법까지 도달하면, 나를 근본적으로 변화시킬 수 좋은 기회를 맞이한 것입니다. 이후 '본질적 법(진리)'을 기준으로 현재 나의 법의 수준을 평가하고 검증할 수 있습니다.

간단한 생각 하나를 바꾸는 것도 쉽지 않은데 나의 법을 알아차리고 그것을 평가하여 바꾸는 것은 내 존재의 근본을 흔드는 것과 같습니다. 당연히 두려움과 불안감과 거부감이 느껴지면서 도피 및 회피하려는 반작용이 나타납니다. 처음부터 진리에 가까운 생각으로 당장 바꾸려는 경우보다는 바꾸기 쉬운 가벼운 생각부터 단계적으로 변화하는 것이 좋습니다.

일상에서 특정 생각들을 하면 그 생각을 갖게 하는 상위개념의 생각이 있으며 이를 '받침생각(sponsoring thought)'이나 '뿌리생각(root thought)'이라고 표현합니다.[50] 잘못된 생각이 자라나온 가지들을 찾아 들어가면 뿌리처럼 깊이 있게 굳건히 자리잡은 생각들이 있다는 의미입니다. 지금 나에게 불편함을 초래하는 생각부터 그리고 그 생각을 일으키는 작은 '뿌리생각'을 발견하고 합리적인지 검토하고 변화할지 판단합니다. 이런 행위를 지속적으로 반복하면 한층 더 깊고 큰 '뿌리생각'을 찾고 그것을 바꿀 기회가 생깁니다. 이런 방식으로 서서히 변화해 나간다면, 새롭게 바뀐 건강한 '뿌리생각'에서 나온 생각들만으로도 새로운 삶을 살아갈 수 있습니다.

'생각잘하기'를 위해서는 나의 법에 해당하는 생각들을 알아차리고, 진리를 기준으로 편견이 가미된 생각들을 지워 나가는 명상 과정이 필요합니다. 결국엔 나의 법이 점점 진리에 가깝게 변화해야 '생각잘하기' 즉 최고의 합리적인 생각 및 사고가 가능합니다.

⑥ 주의사항

관찰과 알아차림의 증가로 인한 다양한 정보로 인하여 오히려 힘들 수 있습니다. 강한 잡념들에 이끌려 분산된 의식작용이 하나로 집중되어 명확한 상태가 될수록, 전에는 모르고 지나쳤던 미세한 생각들을 더 잘 알아차리게 됩니다. 예를 들면, 흙탕물에 섞여 있는 불순물은 잘 안 보여 구분하기 어렵지만, 맑은 물에 섞여 있는 조그만 먼지나 불순물이 더 잘 보이는 것과 같습니다. 관찰력이 증가하여 전에는 모르던 것을 알게 되는 것이 큰 장점일수 있지만, 알게 된 부정적인 느낌, 생각, 정서, 행위들에 대한 올바른 해석이 뒤따르지 못한다면 일시적으로 더 혼란스럽거나 불편한 마음상태가 될 수 있습니다. 그러나 왜곡된 마음 상태를 정상으로 되돌리는 자연스러운 과정이라 보시면 됩니다.

⑦ 스트레스(stress)에 대한 사념처 수행의 효과

사념처 수행을 통하여 의식수준이 향상되면 스트레스 유발자극에 자동적으로 반응하는 삶에서 능동적으로 대응하는 삶으로 변화가 나타납니다.

신체적 및 심리적 스트레스 유발자극에서 벗어나 적응하려는 과정에서 나타나는 긴장상태를 '스트레스(stress)'라고 합니다. 스트레스 유발 자극은 외부의 사건이나 상황뿐만 아니라 내부의 감정이나 생각일 수도 있다는 점 때문에 더욱 복잡합니다. 스트레스 유발 자극은 즉각적인 신체적 손상으로 인한 죽음에 이르는 단계부터 스트레스 유발 자극인지 논란이 될 정도로 미비한 단계까지 있습니다.

자신의 육체적 및 심리적 수준에서 완충할 수 있는 범위를 넘어선 스트레스 유발 자극인 경우에는 먼저 거부감이 나타나고 도피 및 투쟁하려는 반응이 자동적으로 나타납니다. 생존을 위해 이런 형태의 적응 반응이 반드시 필요합니다. 이후 스트레스 유발 인자를 극복하여 스트레스가 사라지면 새로운 환경변화에 육체적-심리적으로 적응한 것이며 상황을 수용한 안정된 상태입니다. 호르메시스(hormesis) 효과처럼 적절한 스트레스 유발 요인들은 오히려 생체에 유익한 새로운 적응 반응을 일으킵니다.

다양한 스트레스 유발 요인들 중에 우리가 주목해야 할 것은 생체에 유해한 적응 반응을 심각하게 일으키는 과도한 스트레스 유발 요인들입니다. 주로 심리적 스트레스는 유발 자극에 대한 관점과 인식에 의해서 반응의 강도가 결정됩니다. 이것은 심리적 스트레스에 대해 사람은 어느 정도 조절하고 통제할 수 있음을 의미합니다.[51] 스트레스 유발 요인에 대한 긍정적인 관점과 인식을 갖게 된다면, 처음부터 화를 내지도 않는 심리적 완충력과 이미 화내는 상태에서 빠르게 안정상태로 돌아오는 심리적 회복력이 동시에 증가합니다.

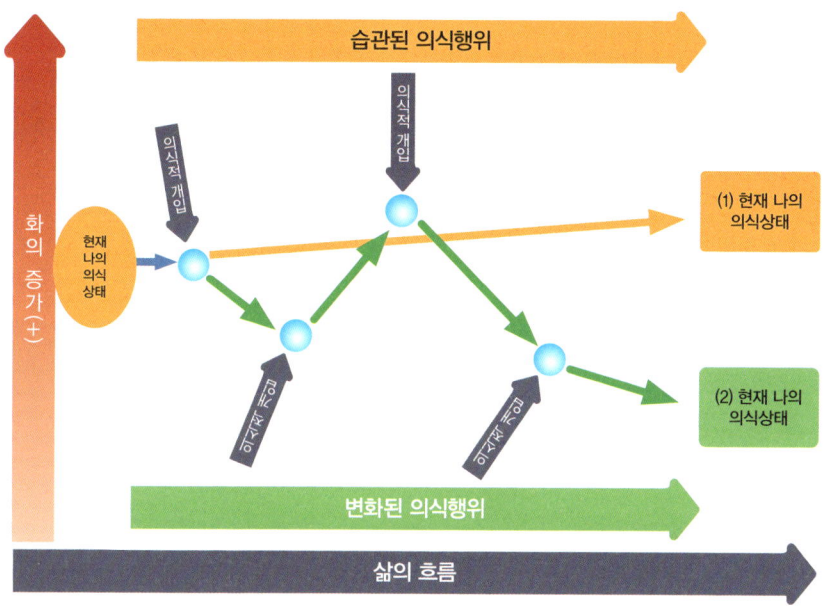

　현재의식의 흐름에서 알아차림이 없이 습관적으로 의식적 행위를 한 결과(1번)와 중간에 알아차림을 통해 의식적으로 관여를 하여 변화된 의식적 행위를 한 결과(2번)를 보면 최종 의식상태에 차이가 납니다. 습관적인 반응으로 화(怒)를 내는(+) 사람의 최종 의식상태(빨간색 증가)와 화를 덜 내고자 뜻을 두고 매 순간 의식적으로 화를 더 낼지(+)/말지(-) 선택하면서 능동적인 대응을 한 사람의 최종 의식상태(빨간색 감소)는 달라집니다. 의식적으로 관여를 하는 사람도 때론 억지로 참다가 더 화를 내는 경우도 있겠지만 꾸준히 의식적인 관여를 한다면 삶이 달라집니다. 화가 나는 순간에 육체적 감각, 느낌, 감정 및 생각의 흐름이나 다른 자극들에 대해 단순히 알아차림을 하는 것만으로도 화내는 데 집중된 의식작용이 분산되고 약화되기 때문에, 화나는 감정의 강도가 줄어들어 비교적 쉽게 객관적이며 심리적 안정감을 회복할 수 있습니다.

결국엔 스트레스 상황에서 단순히 알아차림을 하는 것도 효과가 있지만, 알아차림을 통하여 의식수준이 지속적으로 향상되어 무의식 수준을 포함한 마음 수준이나 존재 수준까지 달라져야 합니다. 그래야만 스트레스 유발 자극에 대해 자동적으로 고정된 반응에서 완전히 벗어나 능동적으로 새로운 대응을 할 수 있습니다. 물리적 스트레스 환경을 이겨내는 신체의 힘뿐만 아니라 심리적 스트레스 환경을 이겨내는 마음의 힘을 동시에 갖추고 있어야 다양한 스트레스 상황으로부터 자신의 건강을 근본적으로 지킬 수 있습니다.

⑧ 사념처 명상법에 대한 고찰

사념처 명상법도 나의 몸, 느낌, 생각, 법에 대한 알아차림을 통하여 나의 생각에 자리잡은 왜곡된 편견을 발견하고 지우는 것이 핵심입니다.

사념처 명상법

'나는 ~라는 자세나 행위를 하고 있구나'

'나는 ~라고 느끼고 있구나'

'나는 ~라고 생각하고 있구나'

'나는 ~를 진리라고 믿거나 알고 있구나.'

사념처 명상을 하면 특정 대상과 내가 분리되어 상대적으로 객관화된 관찰과 알아차림을 할 수 있습니다. 나에 대한 객관화된 다양하고 깊이 있는 알아차림으로 통찰력(洞察力)이 생기면 기존에 있던 편견을 발견하고 지울 기회가 생깁니다. 알아차림을 많이 하는 것도 좋지만, 나에게 중요한 '무엇을' 한 가지라도 알아차리는 것이 더 중요합니다. 그 중요한 알아차림을 유지한 채로 질문을 만들고 지관(止觀)을 하여 결국엔 편견이 사라진 중요한 깨달음을 얻을 수 있어야 합니다.

일상적인 명상법 1 : 깨어있기, 질문하기, 깨달음
- **깨어나다_ 표준국어대사전**
  1. 잠이나 술기운 따위로 잃었던 의식을 되찾아 가다.
  2. 어떤 생각에 깊이 빠졌다가 제정신을 차리다.
  3. 사회나 생활 따위가 정신적·물질적으로 발달한 상태로 바뀌다.

이 책에서는 표준국어대사전의 2번 의미와 유사하게, 일상에서 자동적으로 고정된 인식에서 벗어나 명확한 뜻을 갖고 지금 상황을 관찰하고 알아차리는 의식작용을 '깨어있기'라고 합니다. 잠들었을 때 주변상황에 대한 능동적인 인식이나 반응이 없듯이, 일어나서 활동하는 일상에서도 습관된 인식이나 자동적인 반응으로 살아간다는 것은 깨달음의 관점에서 보기에는 잠자는 상태와 같습니다.[52] '깨어있기'를 통하여 현상에 대한 새로운 인식과 반응을 하게 된다면, 새로운 질문이나 의문을 만들 수 있습니다. 질문에 대한 답을 찾기 위한 한 가지 주제에 몰입하여 관찰과 알아차림(지관)을 하면 질문에 대응되는 새로운 앎들이 생깁니다. 기존에 형성된 편견이 가득했던 생각에 근거하여 형성된 앎들이 깨지고 사라져서 그 자리에 새로운 앎을 얻는 순간 '깨달음'이 온 것입니다. 즉 편견이 깨지고 사라진 채 새로 생긴 앎이 깨달음인 것입니다.

따라서 편견이 사라지는 효과가 나타나는 깨어있기-질문하기-깨달음 과정도 명상법이 될 수 있습니다. 깨닫는 만큼 의식이 성장하고 의식수준까지 변화가 일어납니다.

① 깨어있기

　지금 여기에서 습관된 생각과 행동만을 반복하는 현재의식은 수동적인 삶을 사는 객체(客體)가 되고, 습관된 생각과 행동에 깨어 있어 그 과정을 새롭게 인식하고 판단하는 현재의식은 능동적인 삶을 사는 주체(主體)가 될 수 있습니다. 단편적으로 능동적인 삶이 훌륭하고 수동적인 삶이 훌륭하지 않다는 의미가 아닙니다. 상위 의식수준에서 수동적이며 자동적인 삶뿐만 아니라 하위 의식수준에서 깨어 있어 새롭게 인식하고 행동을 하는 능동적인 삶도 훌륭하기 때문입니다. 중요한 것은 숙명을 운명으로 바꾸고 삶의 변화를 추구한다면, 지금 여기에서 깨어 있어야 한다는 점입니다.

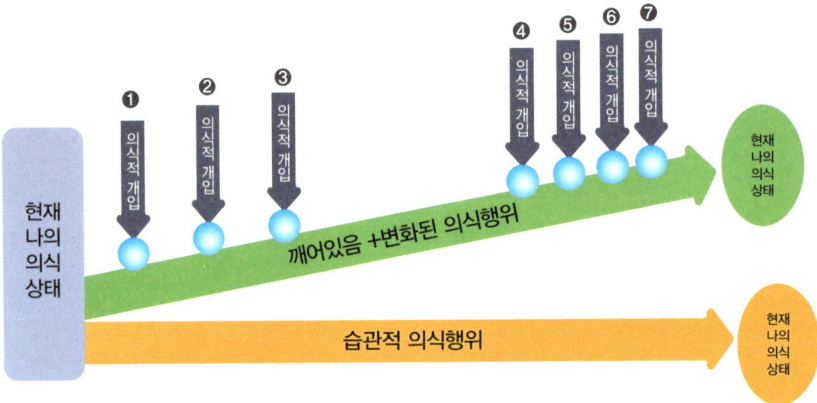

　매 순간 나의 의식의 흐름을 알아차리고 1분 동안 7번 의식적 관여를 한 사람은 1분에 7번이나 운명 변화의 기회를 갖게 됩니다. 이런 사람은 평생 사용할 수 있는 주관적인 시간의 양이 늘어나는 효과가 나타납니다. 영화에서 슬로모션(Slow Motion)을 만들기 위해 한 순간에 수많은 프레임을 촬영하는 고성능 카메

라를 사용하는 것처럼 매 순간마다 알아차림을 할 수 있는 깨어있는 내가 있어야 합니다. 깨어있기는 동일한 물리적 시간이 흐르더라도 현재 상황을 인식하고 능동적으로 관여할 기회인 주관적 시간(카이로스, Kairos)이 늘어나는 효과가 나타납니다. 내가 매 순간 깨어있는 알아차림이 늘어날수록 상황을 바꿀 기회가 많아집니다. 깨어있지 못한 사람은 상황을 바꿀 기회조차 알지도 못하며 소중한 시간을 무의미하게 흘려버리고 있습니다. 이것이 객관적인 시간도 중요하지만 주관적인 시간이 더 중요한 이유입니다. 물리적 시간을 효율적으로 사용하기 때문에 깨어있기는 '시간의 가성비'를 중요시하는 분초사회[53]에 꼭 필요한 방법입니다. 그러나 더 중요한 것은 '한정된 시간을 어떻게 효율적으로 사용할지'에 대한 선택과 집중입니다.

앞에서 언급한 사념처 명상법은 잘 깨어있기 위한 효율적인 훈련법 중 하나입니다. 여기서 MBSR(Mindfulness-Based Stress Reduction) 프로그램을 개발한 매사추세츠 대학교 의과대학 교수 존 카밧진(Jon Kabat-Zinn)의 마음챙김 명상 방법 중 비교적 간편하게 만들어진 3분 명상법을 소개합니다. 1분은 나의 뜻을 육체적 감각과 그 변화만 알아차리고, 이후 1분은 나의 뜻을 감정과 그 변화만 알아차리고, 마지막 1분은 나의 뜻을 지금 내 생각과 그 변화만 알아차리는 방법입니다. 3분이라도 불안, 우울, 후회 같은 불필요한 잡념을 끌어당기지 않으니 건강도 좋아지며, 불필요한 감정과 생각이 일어나는 원인을 알아차리게 되며, 현재의식을 내가 뜻하는 방향으로 집중하는 힘을 키우는 훈련입니다. 특히 나의 왜곡된 인식으로 만들어지기 쉬운 과거나 미래의 현상을 알아차리는 것보다 우주의 원리대로 그대로 흘러가고 있는 지금의 현상을 알아차리는 것이 훨씬 효율적입니다.

무엇인가 바꾸고자 하는 장소와 시간도 지금 여기이며 자유롭고 행복한 시간을 누리는 것도 지금 여기입니다. 지나간 과거는 바꿀 수 없지만 현재의 내가 돌아볼 수 있는 소중한 나의 역사(歷史)이며, 현재는 내가 원하는 것을 실행하고 체험할 유일한 시간이며, 다가올 미래는 나의 목표가 실현될 시간입니다.

현재에 자유롭고 행복한 것을 현재의식이 지금 누리고, 과거에 자유롭고 행복했던 것을 현재의식이 지금 누리고, 미래에 자유롭고 행복할 것을 현재의식이 지금 누리는 것입니다. 반대로 현재의식이 과거에 불행하고 우울했던 일, 지금 불행하고 우울한 일, 미래에 불행하고 우울할 일을 떠올린다면, 늘 불행하고 우울한 존재가 됩니다. 따라서 지금 여기에 깨어있는 나의 현재의식과 그 의식수준에 의해서 나의 과거-현재-미래의 삶이 재창조됩니다.

사리연구(事理研究)[54]

현실생활에서 모든 일을 할 때에 그 일 그 일에서 이치를 깨치도록 연마해야 한다.

② 질문하고 깨닫기

깨어있기를 통해 형성된 질문은 의식수준 향상의 본격적인 출발점이며 어느 의식수준까지 도달할지 결정하는 요소입니다. 질문에 대한 답을 찾았을 경우, 그 답의 수준만큼 도달한 의식수준이 결정됩니다. 질문의 수준이 답의 수준이 되고 그만큼 의식수준에 변화가 가능합니다. 질문에는 질문자의 관심 분야, 현재의식 수준 및 원하는 의식수준이 고스란히 담겨 있습니다.

마음속에 깊이 남아있는 의심(疑心)과 의문(疑問)들을 먼저 살펴보고, 그 중에 삶에 중요한 변화를 줄 수 있는 질문인 화두(話頭)·공안(公案)을 만들고, 이후 지속적으로 답을 찾아 깨닫는 과정도 마음속 의심과 편견이 사라지는 명상법입니다. 명확하게 깊이 있는 질문을 갖고 답을 찾는 것을 반복할수록 진리에 가까울 답을 찾을 확률은 당연히 높아집니다. 결국엔 본질적인 깨달음을 통해 의식수준의 향상을 이루게 됩니다. 다음은 단순한 믿음에서 의식수준의 향상을 이루는 과정입니다.

단순한 믿음 ⇒ 의심, 의문 ⇒ 질문 ⇒ 해결 ⇒ 의심을 걷어낸 더욱 확실한 믿음[확신(確信)] ⇒ 사실에 기초한 믿음 ⇒ 본질적 질문 ⇒ 해답 ⇒ 본질적 깨달음 ⇒ 의식수준 향상

원하는 의식수준에 도달할 수 있는 질문을 갖기 위해서는 질문의 양보다는 질적인 수준부터 평가해야 합니다.

질문이 명확히 표현되어 나의 질문하는 의도나 내용은 잘 전달될 것인가?
질문을 해결하면 원하는 주제에 대한 앎이 증가할 것인가?
질문을 해결하면 어떤 수준의 깨달음을 얻고 어떤 의식수준까지 도달하는가?
나의 삶에 정말 중요한 질문인가?

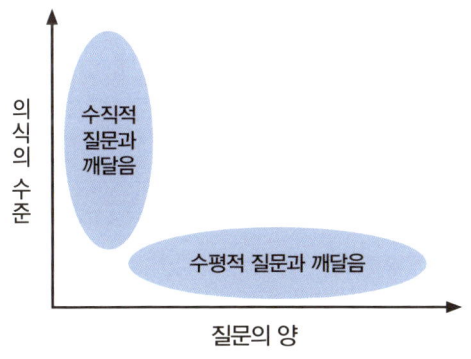

관점 및 의식수준의 변화

수평적 질문은 다양한 깨달음에 도움이 되기도 하지만 의식수준이 크게 향상되기 어렵습니다. 상위 차원과 관련된 수직적 질문으로 상위 차원의 깨달음을 추구해야만 의식수준의 향상을 이룰 확률이 높아집니다. 예를 들면, '나는 누구이고 무엇을 하려하는가?' 라는 질문은 나의 정체성과 삶의 방향성을 깨닫기 위한 질문입니다. 어떤 질문이 떠오르면 질적인 평가를 하기 위해 먼저 자신에게 자문(自問)하는 습관이 필요합니다.

질문과 답을 중요하게 다룬 명상법에 대해 소개합니다.

• 시심마(是甚麼), 이뭣고 수련

선원에서 깨달음을 얻기 위한 공안(公案)을 이르는 말로 인생의 모든 생활 현상에 관한 근본적인 의문으로서, '생각하는 이것이 무엇이냐'라는 뜻입니다.[55]

• 소크라테스 산파법과 아포리아(Aporia)

산파법(産婆法)은 문답을 주고받는 가운데 상대의 막연하고 불확실한 지식에서 스스로의 힘으로 참되고 바른 개념을 이끌어 내도록 하는 방법'입니다.[56] 여기에서 질문을 통하여 스스로 무지를 깨닫게 하는 방식은 상대방에게 불쾌감과 모욕감을 주고 상대방의 관심을 오히려 떨어뜨리는 역효과도 있습니다. 여기서 아포리아는 '대화법을 통하여 문제를 탐구하는 도중에 부딪치게 되는 해결할 수 없는 어려운 문제'라 합니다. 오히려 자신의 지식과 앎의 한계를 체험하고 새로운 방법이나 관점에서 탐구해야 할 출발점이 됩니다.[57] 그래서 깨달음의 관점에서는 자신의 무지한 상태가 깨져야 그 자리에 새로운 앎이 자리잡을 수 있으므로 아포리아는 당연히 거쳐야 할 과정입니다. 따라서 아포리아는 현재의식수준이 향상되기 위해 마주치게 되는 의식수준의 한계점입니다. 아포리아가 어렵고 불편해도 깨달음이라는 더 큰 보상이 있기에 진실로 깨닫고 싶은 사람은 충분히 해결할 가치가 있습니다. 스스로 질문과 대답을 통해서도 충분히 아포리아를 만들 수 있으며, 처음엔 오히려 너무 많은 아포리아로 인하여 자신감이 낮아지거나 회피하고 싶은 경우도 생기니 주의해야 합니다.

해혹복본(解惑復本)[58]

단순한 믿음에서 의혹이 완전히 사라지면 사실에 기초한 불변의 진리로 바뀐다.

③ 우리말 '아하'와 영어 'Aha'

우리말 '아하'는 미처 생각하지 못한 것을 깨달았을 때 가볍게 내는 소리입니다. 작은 혹은 큰 깨달음은 특별한 명상법을 통해서만 얻게 되는 것이 아니며 일상에서 쉽게 접하는 체험입니다. 일상에서 언어를 통한 생각으로 '아하(!)'라고 하는 순간이 있다면 깨달음이 온 경우입니다. 또한 의문을 갖는 순간에는 '어? 응? 뭐지?'라고 생각하는 경우도 있을 것입니다. 이렇듯 각자 고유한 행동언어로 다르게 표현하지만 '물음표(?)'가 '아하(!)'로 바뀌었던 체험이 있을 것입니다. 기존에 잘못 알던 것들이 깨지고 새롭게 아는 것으로 바뀌게 된 경우가 모두 깨달음이니 일상에서 나의 작은 깨달음도 매우 감사하고 소중한 것입니다. 작은 깨달음이 계속 쌓여야만 더 큰 깨달음에 도달할 수 있기 때문입니다.

일상적인 명상법 2 : 토론(討論) 및 일상대화

토론이나 일상대화는 특정 주제에 대한 나의 의식수준을 평가하고, 앞에서 다룬 생각 잘하는 방법들을 종합적으로 사용하여 체험해보는 소중한 기회입니다.

토론이나 일상대화는 나의 왜곡된 편견을 발견하고 지우는 데 아주 효율적이기 때문에, 다른 사람과 함께 하는 집단대화 명상법입니다.

① 다양한 관점과 생각을 만나볼 기회
동일한 주제나 대상에 대해서 나의 관점뿐만 아니라 다른 관점에서 살펴볼 수 있어서 관점의 다양화를 통한 앎의 성장에 유리합니다. 곧 특정 주제에 대한 새로운 관점을 만나볼 중요한 기회입니다.

② 주제에 대한 이해도를 평가하고 말로 정확하게 표현할 수 있는 기회
다른 사람의 질문과 대답을 통해 주제에 대한 것을 내가 잘 이해하고 설명할 수 있는지 시험해 볼 수 있는 기회입니다. 주제에 대한 나의 의식수준과 이해도가 정확히 드러나며 이를 알 수 있는 기회입니다.

> 주제에 대해 바르게 알고 있는 생각 ⇒ '맞다'라고 판단
> 주제에 대해 모르고 있는 생각 ⇒ '모른다'라고 판단
> 주제에 대해 잘못 알고 있는 생각 ⇒ '틀리다'라고 판단

토론이나 대화를 통해서 나와 다른 사람의 생각에 대해 이렇게 세 가지로 판단을 해 볼 수 있으며, 나의 생각 중에 '모른다' 및 '틀리다'라고 판단된 생각들이 있다면 공부하여 바른 생각으로 바꾸면 됩니다. 그러나 객관적 측정이나 결과가 없는 경우에는, 때론 '모른다'를 '틀리다'라고 판단하는 오류를 범할 수 있습니다. 모르는 것은 틀린 것이 아니라 계속 탐구해야 할 주제로 남겨놓아야 하지만, 틀린 것으로 착각하게 되면 앎의 영역을 확장할 수 있는 소중한 기회를 놓치는 것과 같습니다. 토론 및 대화는 나의 생각을 명확하게 하여 말이나 글을 통하여 표

현하고 실제로 상대방과 의사소통이 잘 되는지 확인할 수 있는 방법입니다. 상대방과 의사소통해야 하기 때문에 공감(共感)력, 이해력, 표현력이 동시에 좋아집니다.

③ 다른 의견을 갖는 사람에 대한 나의 태도를 확인하는 기회

나와 다른 의견을 갖는 사람에 대해 내가 어떻게 반응 혹은 대응을 하는지 살펴볼 수 있습니다. 다른 관점에서 갖는 다양한 의견에 대해 지나치게 거부감을 갖고 있는지, 권위와 믿음에 근거하여 무조건 수용하고 있는지, 냉철하게 생각하며 이해하려 하는지 등 나의 태도를 알 수 있습니다. 기본적으로 상대방이 나와 다르다는 것을 인정하는 태도가 없다면, '다름'은 곧 '틀림'이 되고, 토론은 곧 말싸움이 될 수 있습니다. 특히 객관적으로 측정하거나 증명할 수 없는 주제의 경우, '모름'은 곧 '맞음'과 '틀림'이 되면서 결국엔 서로의 관점 및 의견이 옳다는 주장만 남게 됩니다.

④ 내가 깨달은 앎이 진리에 가까운지 검증해 볼 수 있는 기회

내가 깨달은 앎이 진리에 가까울수록 토론이나 일상대화에서 맞이하는 수많은 질문에 대해 명확한 설명이 가능해야 합니다. 이런 과정을 통해서 내가 깨달은 앎 속에 있는 어떤 오류나 왜곡을 발견하기 쉽습니다. 내가 깨달은 앎에 대한 여러 의혹들이 사라질수록, 그 앎은 점점 진리에 다가가고 있는 것입니다. 토론과 일상대화는 혼자서는 알기 힘든 편견들을 발견하고 지우는 과정이므로 명상법이며, 해혹복본(解惑復本)을 통해 나의 의식수준을 진리 수준으로 올리는 효과적인 방법입니다.

우주의 원리, 즉 진리는 절대성, 보편성, 불변성을 갖고 현실로 드러나 보이기도 하고 신비하게 감춰져 안 보이기도 합니다. 현실 속 본질에 대한 인식수준이 각자 다를 수밖에 없기 때문에, 토론 및 일상대화에서 참여자들이 수많은 논쟁

을 하는 것은 당연합니다. 각자의 인식수준에서는 자신의 의견은 참이며 진실이기에 물러설 수 없습니다. 그러나 모든 주제의 정답을 참여자의 합의를 기준으로 판단하는 것이 아니라 진리에 맞는 합리성을 기준으로 판단한다면 불필요한 논쟁에서 벗어날 수 있고 참여자들의 의식수준의 향상에 도움이 된다고 생각합니다. 여기에도 조건은 있습니다. 토론 참여자들이 먼저 최소한 합리에 대한 정의에 동의하고, 이후엔 합리적인 인식 및 의식수준을 갖추어야 합니다.

'생각잘하기' 방법 고찰

개체성에 치우친 편견이 사라지면 마음(心) 속에 성(性)이 드러난다는 것이 명상의 원리입니다.

- 네 가지 대상인 신, 수, 심, 법을 관찰하고 알아차리는 사념처 명상
- 선택한 주제에 집중하여 지속적으로 관찰하고 알아차려 정답을 찾아가는 지관법
- 잡념을 사라지게 하여 일념이 되어 편견을 지운상태에 도달하는 무념무상과 일념무상법
- 일상에서 깨어있기-질문하기-깨달음
- 토론 및 일상대화(집단대화명상)
- 편견을 사라지게 하는 다양한 수련법이나 일상의 행위들

이러한 명상법들을 통하여 마음속 편견이 사라질수록 '생각잘하기'가 가능합니다. 최고의 명상 상태에 도달하기 위해서는 지관이 동시에 필요합니다. 따라서 '생각잘하기' 방법에는 명상과 지관이 기본적으로 포함되어 있습니다.

다양한 명상법을 실행하는 과정에는 열정과 냉정, 평온함과 불안함, 긍정적 효과와 부정적 효과, 긴장상태과 허용상태, 인위적인 유위(有爲)과 자연의 원리대로인 무위(無爲)가 공존하며 수시로 뒤바뀌며 나타납니다. 각 명상법들마다 나타나는 효과들도 다양하며, 깨달음을 일으키는 정도와 종류도 다릅니다. 그렇기에 자신의 상황이나 주제에 맞는 명상법을 선택하는 지혜가 필요합니다. 명상법을 수행하는 과정에서 나타나는 긍정적 효과로는 존재차원에서 머물며 느끼는 평온함과 고요함, 관찰자로서 인식의 확장과 의도적 관여, 육체적 및 정신적 건강 증진 효과, 창의력 증가, 스트레스 감소, 정신력 증가, 일시적 절정 체험 등이 있습니다.

단순히 건강 증진을 위한 명상을 하는 경우에는 긍정적인 체험이 주로 나타나지만, 높은 수준의 깨달음을 위한 명상을 하는 경우에는 긴장, 불안, 두려움, 지루함, 혼란, 당황 같은 부정적인 효과도 꼭 동반한다는 것을 알고 있어야 합니다. 나만의 진리인 '법'과 관련된 깨달음에 근접할수록 저항감과 불편, 혼란감이 더 커지는 아포리아를 체험합니다. 이런 경우는 내 마음 및 존재 수준의 경계에 도달한 상태이며 곧 새로운 마음 및 존재 수준으로 거듭나기 위한 준비 단계입니다. 이런 깊은 마음 및 존재 차원의 깨달음을 추구하는 명상법은 어렵고 힘들지만 명상의 긍정적인 효과가 더 지속적으로 더 근본적으로 나타난다는 큰 장점이 있습니다.

(3) 언어생활

● 언어 言語_ 표준국어대사전

생각, 느낌 따위를 나타내거나 전달하는 데에 쓰는 음성, 문자 따위의 수단. 또는 그 음성이나 문자 따위의 사회 관습적인 체계.

사람이 언어교육을 통하여 자신의 의사(意思) 및 감정을 언어형태로 전환하는 데 익숙하다면, 언어적 사고(言語的思考)가 가능합니다. 먼저 정확한 언어의 의미를 근거로 언어적 사고를 하고, 이후 언어적 혹은 비언어적으로 적절한 표현수단을 선택하여 자신의 의사(意思)를 주고 받는다면, 효율적인 의사소통(意思疏通)이 가능합니다. 언어는 생각과 감정을 형성하고 규정하는 역할과 표현수단으로 사용될 수 있습니다. 평소 사용하는 언어에 따라서 자신의 마음작용도 영향을 받습니다. 특히 언어적 의사소통을 잘하기 위해서는 자신이 사용하는 말이나 글의 의미를 정확히 이해하고 있어야 합니다. 언어에 대한 의미를 정확히 이해한 상태로 생각 및 사고하고 표현할수록 의식과 마음을 정확하게 사용하는 효과가 있기 때문에, 그만큼 의식작용의 힘과 공력(功力)이 정확하게 나타납니다. 결국엔 내가 이해하고 사용하는 말과 글의 의미대로 우주다운 창조력이 발휘됩니다.

언어적 의사소통 과정에서 나타난 말과 글도 결국엔 생각이나 사고가 표현된 결과이기 때문에, 사람의 언어생활에는 그 사람의 생각, 의식, 마음, 존재의 수준이 고스란히 담겨있습니다. 그래서 말하는 혹은 글 쓰는 수준을 보면, 그 사람의 수준도 어느정도는 알 수 있습니다. 말을 잘하고 글을 잘 쓰기 위해서는 생각을 잘해야 하고 의식수준의 향상이 선행되어야 합니다.

- **말 조심(操心)하기와 말 조심(調心)하기**
  - 操心(조심) : 잘못이나 실수(失手)가 없도록 말이나 행동(行動)에 마음을 쓰라는 의미입니다.
  - 調心(조심) : 어지러운 마음을 가라앉혀서 평온한 상태는 유지하기 위해 마음을 잘 조절하라는 의미입니다.[59]

- 공자의 〈논어〉, 정명(正名)론

  정명(正名)은 단어의 개념과 그 실제 대상이 일치해야 함을 의미합니다.

- 〈대승기신론〉의 의언진여(依言眞如) 이언진여(離言眞如)

  말로 표현되는 진여(眞如)가 의언진여이고, 말을 떠난 진여가 이언진여입니다. 언어의 원뜻을 철저히 탐구하면 의언진여로써 본래의 이언진여를 드러낼 수 있습니다. 여기서 진여란 사물의 있는 그대로 모습으로 우주만유의 실체를 의미합니다.[60]

- 노자의 〈도덕경〉 1장 '도가도비상도(道可道非常道)'에 대한 해석으로 다음의 내용이 있습니다.

  "자연은 그저 존재하는데, 우리가 이름을 지어주면 그때부터 천지창조가 되듯 만물에 새로운 생명을 준 것입니다. 말이나 글에 의지하면 원 뜻의 언저리 밖에 보지 못하여 진실 그 자체가 아니지만, '이름이 없었던 상태의 자연'과 '이름이 붙여진 자연'이 원래 같은 것이고 또 같아야 한다는 게 도덕경의 이론입니다."[61]

- 진언(眞言)

  산스크리트어 만트라(mantra). 부처와 보살의 서원이나 덕이나 가르침을 간직한 비밀의 어구를 뜻하며, 범어 그대로 외우는 불교의 주문.[62]

창조력을 갖는 정확한 말이나 글을 사용하면 생각을 다르게 한 결과로 인하여 나의 의식과 마음의 변화가 나타납니다. 생각의 흐름에 언어 형태로 다음과 같은 말들을 중간에 넣으면 생각의 흐름이 바뀌는 것을 관찰할 수 있으며 의식 및 마음작용이 달라지는 효과가 있습니다.

① 말이나 글의 맨 앞에 '나는~'을 붙이는 경우
   주체가 나로 바뀌며 주체적인 생각이나 마음이 포함되어 작용합니다.
② 말이나 글의 맨 뒤에 '~구나'를 붙이는 경우
   어떤 감정과 생각에서 몰입되어 대상과 하나가 된 상태에서 벗어나 관찰자 관점으로 대상과 분리되어 보다 더 객관적으로 인식하여 상황에 대한 통찰력이 더 증가합니다. 참고로 '구나(산스크리트어 : गुण)는 힌두교의 개념으로 품질, 특이성, 속성으로 번역될 수 있습니다.'[63]
③ 말이나 글의 중간에 '때문에', '그럼에도 불구하고', '그냥 내가'를 붙이는 경우
   i) 때문에 : 항상 누구 혹은 무엇 '때문에' 이유와 핑계로 움직이는 수동적인 의식수준
   ii) 그럼에도 불구하고 : 이유와 핑계를 넘어서 '그럼에도 불구하고' 하겠다는 의지를 갖는 능동적인 의식수준
   iii) 그냥 내가 : 아무 걸림이 없이 자발적으로 '그냥 내가~' 하는 자유롭게 허용하는 의식수준

자신의 언어생활에서 세 가지 중에 자주 사용하는 말이 어떤 것인지 살펴보면, 나의 의식적인 삶의 태도가 대략 수동적인지, 능동적인지, 자유로운지 알 수 있습니다. 어떤 삶의 태도인지 알게 되더라도 불안하거나 걱정할 필요가 없습니다. 단지 나의 현재 상태를 확인한 것에 불과하며, 여기서 중요한 것은 말을 다르게 사용함으로써 의식수준의 변화를 일으킬 수 있다는 사실입니다.

말을 반복하는 것은 같은 생각을 반복한 것이며 특정 의식수준을 유지하는 것과 같습니다. 기도, 염불(念佛), 주문 수련은 그 단어의 의미를 이해하고 반복적으로 말함으로써 특정 의식수준에 도달하여 유지하도록 하는 방법입니다. 즉 말의 창조력을 극대화하는 방법입니다. 의식작용의 힘을 얼만큼 담아서 말이나 글로 표현하는지에 따라서, 말이 씨가 되어 성장하듯, 실현 확률을 결정합니다. 만약 정성 들여 기도하고 나서 '기도대로 이뤄지겠어?'라고 진심으로 끝맺음을 한다면, 어떤 결과가 나타날지 예상할 수 있습니다.

'말이 씨가 된다'는 자신이 한 말에 대응되는 생각의 씨가 마음에 자리잡고 세상에 뿌려진 것이며, 이후에 그 씨를 싹트게 하고 성장하고 관리하는 것은 나의 몫입니다. 진심으로 한 말은 생각의 씨를 마음 속과 세상 속에 심는 행위이고, 반복된 말은 그 생각의 씨를 성장시키는 행위입니다. 따라서 말조심(調心)은 생각조심(調心)이며, 결국 마음을 고르게 잘 조절해서 쓰는 마음조심(調心)입니다.

(4) 행동(行動)생활
삶은 자발적 동작(動作)들의 총합

뜻을 갖고 특정 행동을 하게 되면, 그 행동은 뜻에 적합한 동작들로 이루어져 있습니다. 내가 걷고자 뜻을 두면 습관된 걷는 동작들이 나타나고, 빨리 가고자 뜻을 두면 습관된 뛰는 동작들이 나타납니다. 이런 동작들을 살펴보면 각각의 의식적 동작마다 몸의 자세나 균형을 유지하기 위한 무의식적 동작이 자동적으로 개입되어 복합적으로 일어난다는 것을 관찰할 수 있습니다. 일상에서 나의 행동들은 의식적 동작들과 무의식적 동작들이 조합된 결과입니다. 인식과 통제의 관점에서 동작은 의식적 동작, 무의식적 동작으로 나누어 볼 수 있습니다.

- 의식적 동작 : 의식적으로 인식하고 통제하는 동작
- 무의식적 동작 : 의식적으로 인식 및 통제 못 하는 동작

　우리는 다양한 동작에 의미를 부여하여 비언어적 의사소통의 수단으로 쓰기도 하며, 일, 운동, 춤, 무술, 하타요가 등과 같은 특정 목적을 위한 동작체계도 만들어 사용하고 있습니다. 그 중 원래 요가는 어떤 특정한 목적에 상응 또는 합일한다는 의미로 외부에서가 아닌 내부에서의 깨달음을 통하여 참된 자기(眞我)를 찾으려는 실행법입니다.[64] 처음 하는 일이나 작업인 경우에는 의식적으로 세밀하게 관여하며 미세한 동작이나 자세를 일부러 만들어야 하지만, 자주 연습하여 익숙한 경우에는 연습한대로 정교한 동작이 저절로 나타납니다. 무(武)에 뜻을 두면 자동적으로 무술(武術) 동작과 자세를, 신나는 감정에 뜻을 두면 자동적으로 신나는 춤동작과 자세를, 치유에 뜻을 두면 자동적으로 치유동작이나 자세를 갖게 됩니다.

　일상의 동작들은 표면적으론 두뇌와 의식작용에 의한 결과처럼 보이지만, 사실은 자동적으로 동작하는 무의식작용과 뜻한 대로 동작하는 의식작용이 동시에 포함된 마음작용에 의해 나타난 결과입니다. 나의 삶을 이루는 모든 동작들에는 자신의 생각, 의식 및 마음수준이 담겨 있습니다. 그리고 동작과 생각, 의식, 마음은 서로 상호작용하는 관계에 있으므로, 의식적으로 특정 동작을 하기 위해서는 나의 현재의식이 특정 의식 및 마음수준과 연결되어야 합니다. 호흡도 마찬가지로 의식적으로 호흡을 천천히 할수록, 나의 마음이 좀 더 이완되고 안정을 찾는데 도움이 됩니다. 즉, 특정 동작을 억지로라도 유지하는 것은 최소한 그 동작을 하는 의식 및 마음수준은 어느정도 유지하고 있다는 의미이기도 합니다. 그렇기에 몸의 동작도 결국 나의 마음을 알 수 있는 방법이며 마음을 사용하는

방법이 됩니다.

나(自)의 의식 및 마음수준에 따라서 매 순간 동작이나 자세를 취하고 있으며 그것이 쌓여 하루 동안 나의 행동이 됩니다. 마음이 외부로 표출되어 삶의 행동이 된 것이므로, 그만큼 마음에 의한 공력이 현실적으로 빠르게 발현됩니다. 즉 나(自)의 마음수준만큼 하는 나의 동작들은 원하는 삶을 이루게 하는 현실적인 공력(功力)을 갖게 됩니다. 왜곡된 편견에서 벗어난 마음수준에서 하는 자발적(自發的) 동작들은 뜻한 대로 이루기 위한 효율적인 동작이 되며, '있는 그대로 하는 동작'이라 할 수 있습니다. 이런 동작들을 '자발동공(自發動功)' 줄여서 '자발공(自發功)'이라 정의합니다. 편견을 지워가는 과정이 포함된 동적 명상법이라 할 수 있습니다. 뜻하는 주제에 대한 진심으로 하는 자발공은 의식 및 마음수준의 변화부터 운명과 삶을 변화하는 현실적으로 유용한 방법입니다.

내 삶의 행동들은 나의 마음수준에서 하는 자발공이라 할 수 있으며, 그 행동의 결과가 현재 나의 삶입니다. 자발공의 수준만큼 나의 마음수준이 드러나고 운명과 삶을 바꾸는 공력이 결정됩니다.

〈중용〉의 성(誠)과 성실(誠實)

"유교 경전 중의 하나인 〈중용〉의 근본사상인 성(誠)은 말(言)을 그 의미대로 이룬다(成)는 글자로 언행일치를 강조한 것입니다. 사람이 언어를 통해서 의사를 전달할 때 그 말은 거짓 없이 말의 뜻 그대로 실행되고 이해되어야 한다."[65]

중용의 성(誠)은 자신의 말을 지키려고 신중히 말하며, 말한 대로 실천하려는 태도를 갖고 행동한다는 의미입니다. 지키지 못할 말은 하지 않고 말과 행동이 일치하도록 하는 언행일치(言行一致)입니다. 생각을 표현한 것이 말이나 글이므로 생각한 대로 지키고 행동하여 실천한다는 의미이기도 합니다. 특정 마음수준에서 잠시 생각하고 말할 수 있지만 말한 것을 행동하여 실천하는 것은 특정 마음수준을 실제로 유지하고 결심까지 해야만 가능합니다. 처음부터 말한 것을 지킬 의도 자체가 없는 사람이나 말한 것을 이유 없이 안 지키는 사람은 자신의 마음과 생각을 자신이 편한대로 수시로 바꾸는 책임감이 없는 사람이기 때문에 말할 때 마음수준 다르고 실천할 때 마음수준이 다른 불성실한 사람입니다. 유교에서 제시한 행동생활에 관련된 의식수준의 변화 방법으로 경(敬) 그리고 예의(禮儀)가 있습니다. 그리고 일상에서 정직하게 말하고 행동하기, 말한 대로 약속 지키기, 말한 대로 실천하기, 나의 언행불일치 점검하기 등도 의식수준을 긍정적으로 변화하는 방법이 될 수 있습니다.

- 경(敬) 순일한 마음으로 자신을 성찰하고 대상을 받드는 것[66]
- 예의(禮儀) 존경의 뜻을 표하기 위하여 예로써 나타내는 말투나 몸가짐[67]

내명자경 외단자의(內明者敬 外斷者義)
순일(純一)한 마음을 밝히는 것이 경(敬)이고,
그 수준에서 결단하여 행동하는 것이 의(義)이다.
— 조선의 유학자인 남명(南冥) 조식(曺植) —

변하지 않는 영원한 표정, 최고의 의식수준에 맞춘 표정(미소)

관상(觀相)은 나의 운명을 알기 위한 추명 방법이며, 나의 의식 및 마음수준을 알 수 있는 방법이기도 합니다. 나의 역할이 결정되어 타고난 얼굴이 결정이 되었지만, 운명이 달라지면 나의 얼굴에도 변화가 나타납니다. 반대로 화장, 미용, 성형 등 방법으로 타고난 얼굴이 바뀌는 경우에도 운명의 변화가 어느 정도 나타납니다. 나의 의식 및 마음수준의 변화가 동반되지 않는 관상의 변화는 운명 변화의 공력에 한계가 있습니다. 태어난 얼굴로 인한 숙명에서 벗어나 원하는 운명으로 변화하기 위한 효율적인 방법으로 매 순간 나의 얼굴 표정에 변화를 주는 방법이 있습니다. 얼굴 표정은 의식 및 마음과 연결되어 있기 때문에, 특정한 얼굴 표정을 유지하는 것은 특정 의식 및 마음수준에 머무는 것과 같습니다. 얼굴 표정은 비언어적 의사소통의 수단으로 사용되기도 하며, 특정한 의식수준으로 변화를 일으키고 유지하는 방법으로 사용할 수도 있습니다. 내가 원하는 존재 수준의 표정을 연습하고 유지하는 것은 완전하진 않지만 존재의 의식수준에 다가가기 위한 행동입니다. 더 나아가 표정뿐 아니라 인사, 걸음걸이, 운동, 일하는 육체적 자세, 일어나는 시간, 잠자는 시간, 말하는 목소리 등과 같은 사소한 행동들이라도 뜻에 적합한 행동들로 하나씩 바꿀수록 의식수준의 변화는 반드시 일어납니다.

*반가사유상 [68]　　　　　　*얼굴무늬 수막새 [69]

옛 조상들이 얼굴 표정을 연구하여 작품으로 남겨 놓은 이유가 있었습니다. 좋은 얼굴 표정을 유지하는 습관이 형성되면, 의식수준의 변화는 물론 건강에도 큰 도움이 되기 때문입니다. 화(火)가 날 경우에 화내는 표정을 지을 때, 그래도 참고 무표정을 지을 때, 정말 힘들겠지만 살짝 미소라도 지을 때를 비교해보면 각 경우마다 의식수준과 몸의 건강상태는 차이가 납니다.

"미소는 다른 사람과 의사소통을 하는 데 효과적일 뿐만 아니라 자신과 의사 소통하는데도 아주 강력한 수단입니다. 진정으로 따뜻하고 사랑스러운 미소를 받으면 마음과 육체가 이완되고 방어자세를 누그러뜨리는 효과가 있으며, 이런 미소는 육체적으로 부교감신경계의 '이완반응'을 활성화시켜 생리적변화를 일으킵니다. 나의 내면의 불편한 부위에 미소를 보내는 방법을 활용할 수 있습니다."[70]

(5) 유익한 감각적 인식 활용하기

① 시각 : 그림, 풍경, 표정, 색채치료
② 청각 : 음악, 목소리, 싱잉볼(Singing Bowl), 음파 테라피
③ 후각 : 향수, 숲속의 공기 냄새, 아로마테라피.
④ 미각 : 기호식품(커피, 차 등), 음식.
⑤ 촉각 : 다양한 마사지, 일광욕, 어싱(Earthing)

육체적 감각에 대해 수동적인 인식을 통하여 의식수준이 자동적으로 변화하는 방식입니다. 기존에 형성된 믿음, 상징, 지식, 앎에 근거한 수동적 인식에 의존하기 때문에, 기존의 편견을 지우는 방법이 아니라 오히려 편견을 이용하는 방법

에 가깝습니다. 따라서 능동적인 사고작용을 크게 필요로 하지 않기 때문에, 나의 힘으로 하는 자력(自力)수련법이 아닌 다른 힘으로 하는 타력(他力)수련법에 해당합니다. 예를 들면, 색과 선의 조합인 그림을 감상하고 먼저 평화롭고 온화한 풍경으로 인식합니다. 그리고 평온하고 안정된 생각과 감정이 일어나면서 해당하는 의식 및 마음상태로 변화되는 경우입니다. 보통 감정의 변화가 클수록 감동(感動)이 되고, 그만큼 의식 및 마음수준 변화는 더 빠르고 강하게 일어납니다. 특히 자신의 약화된 의식작용의 힘으로는 불편한 감정과 생각들로부터 스스로 빠져나오기 힘든 경우에도 사용할 수 있는 방법입니다.

이런 의식수준의 변화는 나의 인식수준에 따라서 부정적인 효과를 일으킬 수 있기에 주의해야 합니다. 예를 들면, 긍정적인 위약효과인 플라시보 효과(placebo effect)가 있는 반면에, 부정적인 위약효과인 노시보 효과(Nocebo Effect)도 있습니다. 투여되는 약물에 대한 긍정적 혹은 부정적 인식에 따라 약물치료의 효과나 부작용이 달라지는 심리적인 효과입니다.

이런 방법들은 감각을 체험하는 일정 시간만 의식수준의 변화가 유지되기 때문에 다시 원래 상태로 돌아오기 쉽습니다. 또한 인식수준의 한계로 인하여 고차원의 새로운 인식을 형성되기 어렵기 때문에, 상위 차원의 의식 및 마음수준까지 변화를 일으키기가 힘든 단점이 있습니다. 충분히 높은 인식수준을 갖춘다면, 수동적인 감각적 인식을 통해서도 고차원의 새로운 인식이 가능합니다.

정리하면, 수동적인 감각적 인식을 통한 의식수준의 변화는 특정 의식수준까지 빠르고 쉽게 변화시키는 장점이 있기 때문에 생활에서 적극적으로 활용하는 것을 추천하지만 지속적인 의식수준의 향상을 위해서는 자력(自力)수련법이 동반되어야 합니다.

"아폴로14호에 탑승했던 우주인 에드가 미첼(Edgar Mitchell, 1930~2016)은 지구로 돌아오는 길에 지구, 달, 태양을 반복적으로 관찰하면서 우주 안의 모든 것이 동일한 대상의 일부라는 내용을 머릿속에 떠올리고 모두가 '하나'임을 인식하게 되었으며 이 현상을 큰 그림효과(Big picture effect)라고 명명했다. 높은 산과 드넓은 평야, 흐르는 강, 맑은 날 무궁한 하늘을 바라보며 구름과 별들을 관찰하고 해와 달을 응시하는 행위 역시 같은 맥락에서 비슷한 영향을 받을 수 있다."[71]

(6) 유익한 파동에너지 활용하기

"데이비드 봄의 양자이론에 따르면 물질은 원자로, 원자는 소립자로, 소립자는 파동으로, 파동은 다시 초양자장으로 환원될 수 있다. 역으로 파동이 모여서 다발(packet)을 형성하면 입자가 된다. 우주는 초양자장으로 가득 찬 세계이다."[72]

물질의 이중성(波動粒子二重性, wave-particle duality)은 모든 물질이 입자와 파동의 성질을 동시에 지닌다는 양자역학의 개념입니다. 그렇기에 우리의 몸도 입자성과 파동성을 동시에 갖고 있습니다. 그리고 주위환경도 파동적 관점에서 물질파동, 소리파동, 공간파동을 포함하는 여러 종류의 파동의 총합으로 이루어져 있습니다. 따라서 육체, 의식작용, 주변환경은 파동성에 근거하여 서로 간섭, 공명, 공진하며 상호작용하고 있는 상태임을 알 수 있습니다. 이런 원리에 따라서 주위환경의 파동 변화는 육체의 변화뿐만 아니라 의식수준의 변화에 활용될 수 있습니다. 이 방법은 작용과정과 원리상으로 보면 일종의 타력(他力) 수련에 해당합니다.

다음에서는 육체 및 의식작용에 영향을 주는 파동성을 갖는 환경 요소들에 대해 살펴보겠습니다.

"공간은 물질의 다양한 재질, 색, 형상으로 구성되어 있는 여러 고유 파장들이 한 데 섞여 있는 하나의 총합적인 물질장입니다."[73]

① 물질의 파동 활용하기

물질이 가진 고유의 파동성은 나의 몸과 의식작용에 영향을 줍니다.
물질은 다음의 세 요소의 합으로 이루어져 있습니다.[74]

- 첫 번째, 재료나 재질

  광물, 동식물, 집 안팎의 재질, 다양한 재질의 집안 소품(가구류, 침구류), 사무용품, 음식, 의약품과 건강기능식품 등 주로 재료나 재질이 갖는 고유한 파동에 의한 효과입니다.

- 두 번째, 색

  태양빛에 의한 낮과 밤, 조명, 물질이 갖는 색상 등 색이 갖는 고유한 파동에 의한 효과입니다.

  색의 파동성 효과는 색채치료(color therapy)의 원리에 해당됩니다.

- 세 번째, 모양이나 형상

  얼굴 표정이나 몸의 자세, 특정 동작, 얀트라(Yantra), 부적, 도형, 그림, 주변의 지형 지물, 집의 안과 밖의 형태나 배치, 주위 소품 등의 모양이나 형상이 갖는 고유한 파동에 의한 효과입니다.

  정리 안 된 주변환경에 머물 때의 의식작용은 정리 안 된 형태에서 나오는 고유 파동에 영향을 받습니다. 그래서 청소나 정리 및 정돈을 하고 나면 명료하고 안정된 의식수준을 갖는데 도움이 됩니다.

② 소리의 파동 활용하기

주위에서 소리를 듣고 감각적으로 인식하여 의식활동에 영향을 받는 것은 당연합니다. 또한 그 소리 자체의 파동에 의해서도 의식작용은 영향을 받습니다. 사람의 가청대역은 한정되어 있기 때문에 듣지 못하는 소리까지 포함한다면 사람은 주위의 다양한 소리들에 대해 실제로 영향을 받으며 살고 있습니다. 도시나 공장 소음, 숲 속의 맑은 물소리, 카페나 식당에 음악, 듣지 못하는 다양한 음파, 사람의 목소리 등 다양한 파동은 의식작용에 영향을 주게 됩니다. 그래서 노래, 주문 수련, 염불, 싱잉볼(singing bowl)은 소리 자체가 갖는 고유한 파동으로도 의식작용의 변화를 일으킬 수 있습니다.

③ 공간에너지 활용하기

"공간에는 지구의 자기장이나 중력장은 물론 내 주변의 전자제품에 의한 전자파와 땅의 다양한 미약 에너지들 존재합니다. '특정 공간은 분명 사람이 느끼고 생각하는 방식에 영향을 미치고 나아가 공간이 의도하는 바대로 태도와 행동에 영향을 미친다.'[75] 학생들의 지식과 지혜를 넓히기 위한 공간인 '학교', 불성에 대한 깨달음을 얻고 실천할 수 있는 힘이 생기는 '절이나 암자', 나의 행복한 삶을 위한 '내가 살고 있는 집'은 의도한 목적에 맞는 의식 변화를 위해 공간에너지를 활용하는 장소입니다."[76]

공간에너지에 따라서 육체와 의식작용은 긍정적 혹은 부정적 영향을 늘 받고 있으므로 자신의 원하는 뜻이나 주제를 이루기에 적합한 공간에너지를 찾아 활용하는 것도 의식수준의 변화를 일으키는데 도움이 됩니다. 잘 활용한다면 운명 지기(地氣)를 증가시키는 방법이기도 합니다. 결국, 가까운 주위의 물질, 소리, 공간의 파동에너지부터 활용하고 바꾼 만큼 나의 의식수준의 변화도 일어날 것입니다. 이런 관점에서 살펴보면 공간 안에 존재하는 나를 포함하여 나의 주위에 가까이 있는 사람도 특정 파동에너지를 갖고 있는 공간 안의 물체입니다. 나와 상대방의 동작과 자세, 얼굴 표정, 심리적 상태, 건강상태, 체질, 체온, 목소리(소리파동) 등에 포함된 여러 가지 파동 에너지가 서로의 육체와 의식활동에 영향을 주고 있습니다. 이런 원리대로라면, 사실 나에게 가장 가깝고 중요한 공간에너지는 나의 몸과 마음의 파동에너지가 됩니다. 결국엔 내가 유익한 파동에너지를 갖고 있다면, 나는 일종의 '움직이는 명당(明堂)'이 되는 셈입니다.

3장 관점 및 의식수준의 습관과 생활화

새롭게 향상된 의식수준과 최적의 관점을 유지하는 것이 습관 및 생활화되면 결국 새로운 삶을 사는 존재가 된 것입니다.

(1) 무의식 및 그 작용의 변화

처음엔 현재의식이 주도하여 마음의 의식영역 및 그 영역과 관련된 일부 무의식 영역까지 변화합니다. 그 외 변하지 않고 남아 있는 무의식 영역 및 작용 때문에 습관 및 생활화 과정은 늘 방해를 받습니다. 이후엔 의식적인 변화를 통하여 이런 무의식 영역 및 작용까지 꾸준히 바꾸어 새로운 습관을 형성하고 생활화가 되어야만 합니다.

① 행동하는 습관을 형성하여 무의식 및 그 작용의 변화

행동을 하기 위해서는 마음을 사용해야 하기 때문에, 특정 행동을 하여 습관

을 들이면 자동적으로 행동과 관련된 무의식 수준까지 변화하는 효과가 나타납니다. 사회 규범으로 국가의 법 및 예의범절을 지키는 것도 행동을 규율하여 공동체의 마음수준을 일정수준까지 유지하는 효과가 있습니다. 그러나 이 방법은 삶의 다양한 상황에서 유연하게 적용하기 어렵고, 마음수준을 높이는 데 한계가 있습니다.

② 깨어있기를 통한 무의식 및 그 작용의 변화

매 순간 철저히 깨어 있어 핵심적인 무의식 및 그 작용을 알아차리게 되면, 의식영역으로 전환되어 의식작용으로 인식 및 관여가 가능하게 됩니다. 방해되는 무의식 영역이 변화하면서 의식 및 마음수준 변화가 일어나기 때문에, 습관 및 생활화 과정은 더욱 가속화됩니다. 이런 변화는 의식적으로 지속적인 성장이 가능하고 삶의 변화가 광범위하게 나타나는 장점이 있습니다. 단지 핵심적인 무의식 및 그 작용을 알아차리기 힘들다는 것이 단점입니다.

(2) 학습(學習)으로 습관 및 생활화하기

학습(學習)
새로운 것을 탐구하여 배우고(學) 반복하여 익히는 것(習)

현재의식수준에서 다양한 관점으로 깊이 있게 살펴보는 수평적 관점 변화로 의식수준을 점진적으로 높여갑니다. 피크체험이나 고원체험 같이 전혀 다른 관점으로 살펴보는 수직적 관점 변화로 현재 나의 의식수준을 비약적으로 높여갑니다. 실제로는 이런 두 가지 과정이 서로 상호보완 하는 방식으로 현재의식수준을 높여갑니다.

처음엔 원하는 주제나 대상에 대한 명확한 개념도 정의하지 못하기에 피크체험을 통한 비약적인 의식수준의 향상을 이루기 어렵습니다. 현재의식수준에서 다양한 지식 및 체험을 통하여 지속적으로 다양한 앎을 형성해 나가면, 어느 단계에선 기존과는 전혀 다른 차원의 낮은 피크체험과 고원체험이 일어나고 좀 더 향상된 인식 및 이해를 갖게 됩니다. 새로운 차원의 지식이나 앎이 형성되는 단계입니다. 이후 수평적 관점 변화와 수직적 관점 변화를 통해 만들어진 다양하고 새로운 지식과 앎이 통합되어 의식 성장은 더욱 가속화됩니다. 이런 과정이 반복되어 현재의식수준이 원하는 의식수준에 한층 더 가까워질수록 피크체험의 횟수와 시간이 더 늘어나며 고원체험을 하게 됩니다. 이때부터는 원하는 의식수준에 일정기간 머물게 되면서 원하는 방향으로 삶의 변화도 체감할 수 있습니다. 나의 현재의식수준이 원하는 의식수준에 완전히 도달하고 습관 및 생활화되어야 원하는 존재의 삶을 살아갈 수 있습니다.

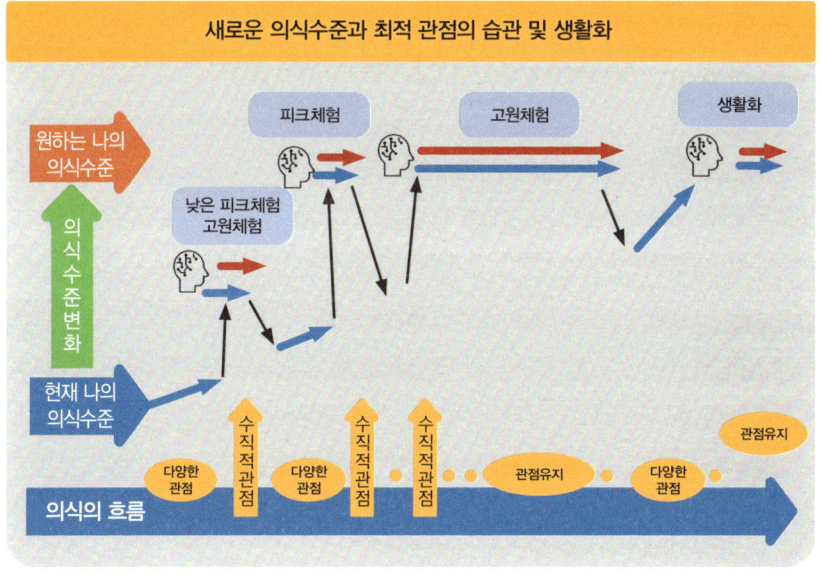

관점 및 의식수준의 변화

돈오점수(頓悟漸修)[77]

부처가 되기 위해서 진심(眞心)의 이치를 먼저 깨친 뒤에 오랜 습기(習氣)를 제거하여 가는 수행 방법

PART 4

성공을 이루어 자유롭고 행복한 삶으로

1장 뜻한대로 성공(成功)한 삶
2장 자유롭고 행복한 삶
3장 편안(便安) 혹은 평안(平安)

성공을 이루어 자유롭고 행복한 삶으로

원하는 성공을 이루어 자유와 행복을 누리는 삶을 살기 위해서는 먼저 의정(意定)이 되어야 합니다. 의정은 말 그대로 뜻(意)을 정(定)하는 동기부여(動機附與) 단계입니다. 욕구나 욕망을 충족하거나 의문이나 질문, 부정적 감정 및 생각 등을 해결하기 위한 의지(意志)를 갖고 삶의 방향성을 설정하는 과정입니다. 의정 다음은 관점의 변화를 통한 관찰과 인식의 확장으로 의식수준을 효율적으로 향상시킨 상태에서 판단하고 행동하며 마음수준까지 변화하는 단계입니다.

마지막으로 원하는 수준의 의식 및 마음수준을 유지하며 습관 및 생활화되면, 생명체인 존재의 역할인 명(命)이 변화하여 원하는 삶을 사는 존재가 되는 것입니다. 뜻하는 목표에 도달하는 성공(成功)을 이루어 자유롭고 행복한 삶을 누리는 단계입니다.

현재의식이 갖는 관점에 따라 관찰-인식-의식-판단-행동이 서로 연결되어 나타나면서 삶을 살아갑니다. 우주의 원리대로 움직이는 세상에서 원하는 성공을 이룬 새로운 삶에 도착하기 위해서 우주 혹은 자연에 대한 합리적 관점과 의식수준을 갖추고 있어야 합니다. 만약 기존 혹은 비합리적인 관점 및 의식수준대로만 살아간다면, 성공과는 거리가 멀어진 삶에 도착하게 됩니다. 여기서 중요한 점은 아무리 훌륭한 관점 및 의식수준에서 판단을 하더라도 행동하여 실천하지 않는다면 앞으로 나가갈 수 없다는 것입니다.

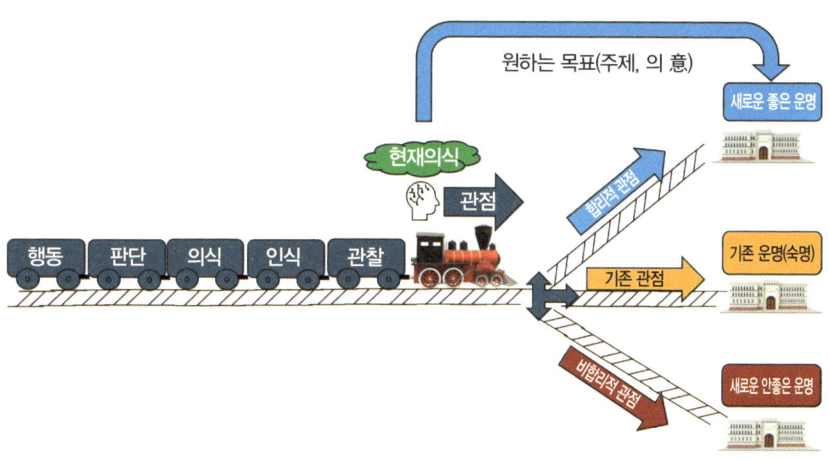

1장 뜻한 대로 성공(成功)한 삶

성공(成功)은 한자의 의미대로 풀이해보면, '공(功)'으로 목적하는 무언가를 이룬 상태(成)'입니다. 여기서 공(功)은 '하늘의 원리와 땅의 원리를 하나로 이어서(工) 발휘되는 힘(力)'으로 풀이할 수 있습니다. 사람이 하늘의 원리와 땅의 원리를 이해하여 활용하는 힘으로 원하는 목표를 이룬 상태가 성공입니다.

개인적인 목표를 이룬 경우를 '개인적 성공', 사회적인 목표를 이룬 경우를 '사회적 성공'이라 합니다. 개인적 성공이나 사회적 성공은 원하는 주제만 다를 뿐, 두 가지 모두 뜻한 대로 성공한 삶입니다. 성공을 이루면 더 자유롭고 행복한 삶을 누리며 편안한 삶을 살게 됩니다. 그러나 현재의식수준에서의 성공을 이룬 것이기에 궁극의 성공, 자유, 행복에 도달한 것은 아닙니다.

2장 자유롭고 행복한 삶

● **자유(自由)_ 표준국어대사전**

외부적인 구속이나 무엇에 얽매이지 않고 자기 마음대로 행동하는 일 또는 그러한 상태

자유의 의미는 '스스로 자(自)'인 '나'에 대한 정의(定義) 및 나의 의식수준에 따라 달라집니다. 나를 현재의식, 개인, 가족 구성원, 사회 구성원, 우주 구성원 등 다양한 차원으로 정의(定義)한다면, 자유의 의미는 각 차원마다 다를 것입니다. 만약 우주구성원으로 나를 정의(定義)한 경우에는 나와 우주는 공동창조자가 되어, 현재 나의 상황은 우주의 원리와 나의 자유의지(自由意志)대로 만들어진 우주와 나의 합작품입니다.

● **행복(幸福)_ 표준국어대사전**

1. 복된 좋은 운수.
2. 생활에서 충분한 만족과 기쁨을 느끼어 흐뭇함. 또는 그러한 상태.

행복은 욕구가 충족되어 충분한 만족과 기쁨을 느끼는 상태라고 해석할 수 있습니다. 행복은 만족과 기쁨을 느끼고 인식하는 주관적인 감정 상태입니다. 충족되어야 할 욕구(need)의 종류는 존재욕구(existence needs), 관계욕구(relatedness needs), 성장욕구(growth needs)가 있습니다. 나의 욕구는 한 가지 이상의 욕구들이 동시에 복합적으로 상호작용하여 나타난 것입니다.[78] 행복하기 위해서는 욕구대로 실현하는 공력의 수준이 높아야만 합니다. 그와 동시에

욕구를 형성하고, 충족된 욕구에 대해 판단하고, 만족과 기쁨을 느끼고 인식하는 의식 및 마음수준도 향상되어야 합니다.

3장 편안(便安) 혹은 평안(平安)

(1) 편안한 삶

개인적-사회적 성공은 현재 자신의 뜻대로 목표를 이룬 상태이며, 곧 자신의 마음대로 하는 자유와 욕구가 충족되어 행복을 누리는 상태입니다. 자신의 뜻대로 실현되어 편리(便利)하고 편안(便安)한 삶이지만, 이런 삶의 방식에는 세 가지 단점이 있습니다.

① 나만 편리하고 편안한 삶이 될 경우에는 다른 존재들의 삶은 불편하게 만들 수도 있습니다.

② 새로운 뜻 및 욕구가 생긴다면 다시 새로운 성공을 해야 하기 때문에, 자유와 행복은 사라지고 불편한 삶으로 바로 전환됩니다. 이런 개념의 성공, 자유, 행복은 불편함과 편안함이 수시로 바뀔 수밖에 없습니다.

③ 뜻하는 주제나 욕구가 이룰 수 없는 욕망이라면, 성공-자유-행복도 이룰 수 없는 구조를 갖고 있다는 점입니다.

이러한 편안함을 추구하는 방식의 한계를 해결하는 방법이 있습니다.

(2) 평안한 삶

자신의 의식수준을 우주수준까지 도달시키는 궁극의 깨달음을 추구하여, 우주수준의 성공, 자유, 행복을 통하여 평안(平安)한 삶을 목표로 삼는 것입니다.

사실 내가 스스로 선택한 것이라면, 편안과 평안 중 무엇을 선택하든 상관없이 다 훌륭합니다.

"새로운 것을 배우고 그것을 익혀야 잘못된 옛 습관을 버리고 그 습관 때문에 생기는 운명에서 벗어나 새로운 습관에 맞는 새로운 운명을 개척할 수 있다. 배움이 작으면 작은 성공을 가져올 것이고, 배움이 크면 큰 성공을 가져올 것이고, 배움이 궁극적인 것이면 궁극적인 성공을 가져올 것이다." [79]

PART 5

우주 수준의 성공, 자유, 행복에서 평안까지

1장 우연(偶然)이 필연(必然)으로
2장 진리를 내 삶의 원리와 원칙으로
3장 나의 관점을 우주의 관점으로
4장 우주의 관점에서 나의 마음과 역할을 바라보기 _ 성명쌍수
5장 궁극의 깨달음으로 욕구와 집착에서 자유롭기
6장 진선미로 이루어진 세상은 지복, 천국, 극락이다.
7장 자아존중과 자아실현으로 진정한 나와 소통
8장 나와 공동체의 어울림(조화, 調和)

우주 수준의 성공, 자유, 행복에서 평안까지

Part 5에선 주로 최고의 깨달음인 전일성을 회복하는 과정 및 방법 그리고 결과에 대해 안내하겠습니다.

지금 나의 생각이 어디서 왔는지 계속 찾아보면, 마음이 생긴 곳인 성(性)에 있는 정보가 구체적으로 드러난 것임을 알 수 있습니다. 그래서 왜곡된 편견이 포함된 생각인 상(想)이 마음 속에서 완전히 사라진 명상(冥想)이 될수록, 우주의 원리인 성(性)대로 생각할 수 있습니다. 따라서 궁극의 명상 상태에 도달한 사람은 최고의 합리적인 생각을 하는 존재라고 할 수 있습니다.

그렇다면 우리는 최고의 합리적인 생각과 그런 생각을 하는 사람을 알아볼 수 있을까요?

우주의 원리를 이해하지 못한 경우, 우주의 흐름과 변화를 알거나 이해하기 어렵습니다. 이처럼 평가자도 일정 수준 이상의 우주의 관점 및 의식수준을 갖추고 있어야만, 최고의 합리적인 생각을 하는 사람을 대강이라도 알아볼 것입니다. 이번 장에서 우주의 관점 및 의식수준에 대해 알아보면서 자신의 관점 및 의식수준도 살펴보시기 바랍니다.

〈논어〉의 「계씨편(季氏篇)」에 나오는 구절입니다.

"生而知之者上也, 學而知之者次也, 困而學之又其次也. 困而不學, 民斯爲下矣."

태어나면서부터 아는 사람은 상급, 배워서 아는 사람은 그 다음, 곤경에 처해야 배우는 사람은 그 다음, 곤경에 처해도 배우지 않는 사람은 하급이다.

지금 자신의 관점 및 의식수준이 높지 않다고 실망할 필요는 없습니다. 평범하게 혹은 부족하게 살고 있는 자신도 원래는 생이지지자(生而知之者)이자 이미 깨달은 최상급의 존재이지만 지금 잠시 잊은 것뿐이기 때문입니다. '곤경에 처해도 학습하지 않는 사람' 역시 우주의 관점에서는 이미 훌륭한 존재이며, 우주 및 자연의 원리를 학습하여 잊은 것을 다시 알기만 하면 됩니다.

1장 우연(偶然)이 필연(必然)으로

횡설수설(橫說竪說)은 핵심 내용을 이해하기 쉽게 가로 및 세로로 말한다는 뜻이지만, 후대에는 내용을 알 수 없게 정신 없이 떠들거나 말한다는 뜻으로 달라졌습니다.[80] 우주나 자연은 스스로의 원리대로 늘 운행되고 있으니 언제나 필연만 존재하지만, 이 사실을 모르거나 이해하지 못하면 자연은 무질서하게 우연히 흘러가는 것으로 오해하게 됩니다. 따라서 우연이란 사람의 인식 차원에서만 존재합니다. 자연에 대한 관점 및 인식수준별로 필연(必然)만 있다는 관점, 우연(偶然)만 있다는 관점, 필연과 우연이 혼재되어 있다는 관점, 필연과 우연에 대해 무관심한 관점을 갖게 됩니다. 여기서 삶이 필연적으로 펼쳐진다는 사실에 일부라도 동의하게 되면 삶에는 광범위한 변화가 일어납니다. 우연이 아닌 필연이라는 관점을 갖게 될수록, 반드시 원인과 결과를 살펴보기 위해서 다음과 같은 질문을 하게 됩니다.

이 상황은 어디서 시작되었는가?

이 상황은 무엇을 의미하는가?
뜻한 대로 실현 안 되는 이유가 무엇인가?
이 상황은 어떤 결과를 초래할 것인가?

비교적 객관적이며 분석적인 관점에서 인과관계를 살펴보게 되면 상황에 대한 이해력과 판단력이 점점 강화됩니다. 특히 이 과정에서 심리적으로 과도한 스트레스 유발인자에 대한 심리적 완충력과 회복력까지 저절로 증가합니다.

필연이라는 관점을 갖게 될수록, 천기+지기+인기의 합인 자연의 원리에 의해 나타난 필연적인 결과가 바로 '지금의 삶'이라는 사실을 이해하게 됩니다. 자연의 원리에 의해 나타난 현재 삶은 있는 그대로 수용하되, 불만이 되는 삶의 원인을 찾아 미래를 바꾸는 데 집중하게 되면 전보다 안정된 마음상태에서 삶의 변화를 일으킬 수 있습니다. 이러한 마음상태에서 갖는 지금 내 생각(念)은 과거의 삶에 대한 후회와 우울, 미래의 삶에 대한 불안과 두려움, 지금의 삶에서의 조급함과 혼란감에서 벗어날 수 있는 든든한 받침 생각이 됩니다. 자연법(自然法), 불교의 연기(緣起)처럼 자연현상은 필연적 법칙에 의해 원인과 조건이 상호작용하여 펼쳐진 결과들입니다. 필연적인 인과관계를 인정하고 탐구하는 과정으로 자연을 하나씩 이해해 나간다면 궁극에는 최고의 성공, 자유, 행복한 삶을 필연으로 만드는 지혜로운 자가 되는 것입니다.

2장 진리를 내 삶의 원리와 원칙으로

각종 종교 제도의 성인(聖人)들을 위대하다 평가하는 이유는 무엇일까요?

우리에게 성인(聖人)으로 알려진 분들은 진리(眞理)를 이해하여 설명하고, 진리에 도달하는 방법을 가르치고, 진리대로 실천하며 살았기 때문에 위대하다고 생각합니다. 진리 중 최고의 진리에 대한 가르침을 최고의 가르침 즉 종교(宗敎)라 하고, 최고의 가르침을 체계적으로 조직화한 것이 종교제도(宗敎制度)입니다. 따라서 각 성인(聖人)들마다 가르치는 방법에 따라서 다양한 종교제도가 형성되었습니다.[81]

성인(聖人)들이 전한 진리

성인(聖人)들이 가르치는 최고 진리의 공통적인 내용은 다음과 같습니다.

① 다음 내용은 존재의 역할이 다를 뿐이며 다 같은 최고의 존재 수준입니다.
　　우주(宇宙) = 자연(自然) = 신(神) = 영(靈) = 하나님[82] = 부처(佛陀)
　　= '무아(無我)로서의 나' = 대인(大人) = 궁극에 깨달은 자
　　= 성통공완(性通功完)자 = 최고 합리적인 자 = 늘 지혜로운 자
● 무아(無我) : '모든 만유의 존재와 다를 것이 없는 나라고 할 것 없는 무아로서의 나'[83]

② 다음 내용은 다 같은 최고의 마음수준입니다.
　　성(우주의 원리) = 자연성 = 신성 = 영성 = 불성 = 양심 = 공자〈중용〉의 중심(中心) = 노자의 '도(道)'[84] = 유교의 이(理) = 순수의식 = 진리 = 본성 = 우주의 마음
● [유교]의 이(理) : 천리나 물리 또는 사리 등 성리학에서 우주의 본체 또는 사물의 원리 내지 법칙을 가리키는 유교 용어.[85]

③ 공통된 최고의 진리
- 〈성경〉 "하나님도 한 분이십니다. 그분은 만유의 아버지이시며, 만유 위에 계시고, 만유를 통하여 일하시고, 만유 안에 계십니다."〈에베소서〉 4장 6절
- 〈열반경〉 일체중생 개유불성(一切衆生皆有佛性).
- 〈화엄경〉 일미진중함시방(一微塵中含十方), 일즉다다즉일 중중무진(一卽多 多卽一 重重無盡)
- 〈힌두교〉 우아일체 범아일여(宇我一體 梵我一如)

기독교, 불교, 힌두교 등 대표적인 종교제도에서는, 나를 포함한 우주(=하나님, 부처, 신)안의 모든 존재는 우주의 원리로 이루어져 있고, 그 우주의 원리가 내 안에도 온전히 흐르고 있기 때문에 '나는 소우주와 같다'는 진리를 공통적으로 가르치고 있습니다. 나는 우주의 구성원으로 개체의 역할을 하고 있지만, 우주의 주인과 같은 수준으로 우주와 함께 공동으로 삶을 재창조하며 살아간다는 의미가 포함되어 있습니다. 우주와 하나된 자는 최고의 합리적 사고, 판단, 행동을 하여 공력(功力)을 완성한 사람입니다. 이런 진리를 배우고 익힌다면, 최고의 성공에 이르고 늘 자유롭고 행복한 삶을 살 수 있다고 전합니다. 진리는 보편성을 갖고 있기 때문에, 우주의 원리, 즉 진리를 이해하고 실천하는 사람이라면 누구나 자유와 행복을 누릴 수 있습니다.

"예수께서 자기를 믿은 유대인들에게 이르시되 너희가 내 말에 거하면 참으로 내 제자가 되고 진리를 알지니 진리가 너희를 자유롭게 하리라."[86]

사람은 우주의 원리인 성과 각 개체의 역할인 명으로 이루어진 생명체이므로 우주와 따로 떨어져 존재할 수 없으며, 늘 우주의 원리에 의하여 몸과 마음이 활

동하고 유지되고 있습니다. 나의 육체도 우주의 물질적 구성물로 이루어져 있으며, 나의 마음도 그 본래는 우주의 원리인 성에서 유래된 것입니다. 그래서 우주의 원리, 즉 진리는 나를 포함한 모든 현상에 언제나 어디에나 늘 있기 때문에 마치 없는 것처럼 착각하기 쉽습니다. 마치 흰색의 빛으로 가득한 세상에서는 오히려 흰색을 구별하기 힘든 것과 같습니다. 이런 착각에서 벗어나기 위해서는 인식 및 의식의 수준이 향상되어야 합니다.

사실 '나와 우주가 하나'라는 최고의 진리는 어디서 한번은 들어본 적 있는 말일 것입니다. 그러나 이런 최고의 진리를 아예 들어본 적이 없는 사람, 지식으로 알고 있는 사람, 체험하여 앎을 형성한 사람, 이해하여 실천하는 사람마다 우주 및 자연에 대한 인식 및 의식 수준은 다를 수밖에 없습니다. 이 중에 최고의 진리를 나의 제1원리로 삼아서 나머지 하위 원리나 원칙들을 세우고 삶에서 실천하며 사는 사람은 우주적 관점과 의식수준을 갖고 최고의 합리적이며 지혜로운 존재에 다가갈 수 있습니다. 이 과정을 수행하기 위해서는 최고의 진리를 이해하려는 노력과 더불어 매 순간 알아차림을 통하여 깨어 있어야 합니다. 최고의 진리에 벗어난 나의 생각, 판단, 행동들을 수시로 관찰하고 점검하여 바로잡아야 하기 때문입니다. 이런 작업은 의식작용을 통하여 진행되지만 무의식작용까지 변화하여 진리대로 살아가는 존재가 될 때까지 지속되어야 합니다. 즉, 철저히 유위(有爲)를 통하여 성장하지만 자연의 원리에 따라 행위하고 인위적인 작위를 하지 않는 무위(無爲)까지 도달해야 하는 과정입니다. 노자는 도(道)를 알고 실행하여 무위자연의 삶을 사는 것을 덕(德)이라 하였습니다.[87] 이때는 유위(有爲)=무위(無爲)=최고의 일위(一爲)인 상태입니다. 결국 최종 목표는 '나의 제1원리와 원칙'대로 사는 삶이 '우주나 자연의 원리와 법칙'대로 사는 삶과 일치하는 것입니다.

자등명 법등명(自燈明法燈明)[88]
의지할 곳 없이 방황하는 삶의 바다에서
자신(自)을 섬처럼 의지할 곳으로 삼고,
법(法,진리)을 섬처럼 의지할 곳으로 삼고, 다른 곳에 의지하지 말라.
– 불교 석가모니의 설법 중 –

3장 나의 관점을 우주의 관점으로

일념무상(一念無想)과 정념무상(正念無想)[89]

'유지한다, 머물다'는 의미인 멈춤 지(止)에 '궁극의 하나'라는 의미인 일(一)을 합하여 궁극의 하나에 머무름(正)의 개념이 생깁니다.[90] 이 책에서 사용하는 바름(正)의 의미입니다. 이 의미대로라면, 전일성에 머무름이라 해도 될 것입니다. 한 가지(一) 주제에 완전히 집중하여 편견이 포함된 생각(想)이 완전히 사라진 무상(無想)이 되면, 본래의 정답을 알게 된다는 것이 일념무상입니다. 여기서 한 가지(一)를 바른(正)으로 바꾸면, 곧 정념무상(正念無想)이 됩니다. 무념–일념–정념 모두 무상에 이르는 방식이며, 지식을 넘어서 지혜를 쓰는 방식이며, 내재된 직관적 인식체계를 사용하는 방식입니다. 누구나 무념–일념–정념이 되어 완전한 명상 상태에 이르면, 최고의 통찰(insight)과 직관(intuition)을 사용할 수 있습니다. 이렇게 내 안에 있는 최고의 통찰력과 직관력을 키우는 것이 각자의 가족, 건강, 투자, 삶 등에 관련된 문제를 근본적으로 해결할 수 있는 최고의 방안입니다. 이러한 최고의 통찰력 및 직관력을 키우기 위한 훈련방법은 자발공, 다우징,

공간에너지장 활용 등입니다. 유위(有爲)로 시작하여 무위(無爲)로 답을 내고 현재의식인 내가 알아차리는 방식입니다.[91]

① 먼저 '우주의 모든 것이 내안에도 있다'라는 의미를 떠올립니다.
"우주의 모든 정보가 내 안에 있다.
우주의 모든 정보에 나는 언제나 반응하고 있다.
나의 현재의식이 이 사실을 모르고 있을 뿐이다."
② 알고 싶은 주제나 대상을 선택합니다.
③ 주제나 대상만 떠올리고 다른 생각은 하지 않습니다. 잡념이 떠올라도 거기에 집중하지 않고 원래 주제나 대상을 떠올리는 데 집중하면 사라집니다.
④ 어떤 지식도 편견일 가능성이 있으니 지우기 위해 깨어 있으려 하고 답에 대한 범위나 한계를 미리 결정하지 않고 허용하려는 자세를 갖습니다.
⑤ 평소 훈련한 방식을 통하여 불현듯 스치거나 명쾌하게 떠오르는 생각이나 저절로 나타나는 움직임(자발공, 다우징)이나 감각적 느낌으로 답이 나타납니다.
⑥ 사람마다 우주와 자연에 대한 의식수준에 따라 정답의 수준이 다르게 나타나므로 자신의 답이 정답인지 여러 관점에서 확인하고 검토해봅니다.

자발공은 뜻을 이루기 위한 자(自)의 움직임이 드러나도록 허용하는 방법입니다. 일상에서 걷기, 뛰기, 발성하기(목소리), 앉아있기, 눕기, 표정짓기(미소) 등도 자(自)의 수준을 높여서 정념(正念)에서 하게 된다면 최고의 자발공이 됩니다.
"최고의 공력을 갖기 위해 의식수준을 우주, 자연, 태극, 참나에 맞추어 동작하는 것을 궁극의 자발공이라 할 수 있으며 모든 것에 걸림이 없는 상태에 도달하기 위해 무애가를 부르며 춤을 춘 원효대사의 무애무, 자연의 모든 변화를 담아낼 수 있는 근육(역근)을 수행하는 달마의 역근, 우주의 카오스 상태를 말하며 일미진중함시방이 터지는 태극의 힘을 수행하는 장삼봉의 태극권, 내 안의 주체(참나, 우주)를 드러내어 맡기는 참나춤이라 합니다."[92]

다우징은 감각을 넘어선 초감각적 인식을 사용하기 위하여 추형태의 펜듈럼이나 L자 모양의 막대인 엘로드의 미세한 움직임을 감지해 답을 얻어내는 행위입니다. 완력테스트나 오링테스트도 같은 원리입니다. 원하는 특정 주제를 떠올리면 미세한 육체적 움직임으로 답을 알려주는 일종의 자발공으로 볼 수 있습니다. 직접 해보면 정답이 아닌 경우도 있지만 미신이나 비과학적인 판단, 의식적인 판단을 넘어서 내 안의 초감각적 인식 체계가 있음을 체험할 수 있는 소중한 방법입니다.

공간의 에너지장에 의해 사람의 의식수준도 영향을 받습니다. 돈을 잘 벌고, 명예가 올라가고, 건강이 좋아지는 공간, 궁극적 깨달음, 영적인 깨달음, 정답을 내기 유리한 공간도 있습니다.

"자연성 점수 100점에 가깝다는 뜻은 그 공간의 지기가 자연의 무결점 속성이 그만큼 높아 그 지기가 있는 지점에 노출된 사람 또한 같은 점수의 성질에 동화될 수 있음을 의미합니다. 성스러운 공간, 특히 종교적인 공간인 신전, 사원, 절, 교회, 지성소, 고인돌, 궁궐 등은 100점에 가까운 지기를 활용하여 건축을 했다는 점이다."[93]

정념(正念)에 가장 유리한 공간이나 지점의 지기(地氣)뿐만 아니라 자연성 점수가 높은 음악이나 노래, 주문 수련, 우주다운 표정 짓기, 손이나 손가락으로 맺는 수인(手印) 등 각 종교제도의 여러 가지 방법들도 있습니다. 노래를 듣거나 특정 장소에서 일시적으로 정념(正念)에 머무르는 체험을 하였다면 그것도 일상에서 하는 일종의 정념(正念) 수련법이라 할 수 있습니다.

지관(止觀) + 궁극의 하나(一) = 정관(正觀)

 이런 정념의 상태에서 머물며 하는 바른 관찰 및 인식을 정관(正觀)이라 할 수 있습니다. 있는 그대로 보는 상태이며 현상에서 늘 본질을 볼 수 상태이기도 합니다. 바른(正)의 의미대로 바른 관점이나 바른 가치관도 결국 궁극의 하나인 상태에서 갖는 관점이나 가치관을 의미합니다.

4장 우주의 관점에서 나의 마음과 역할을 바라보기
   _ 성명쌍수[94]

 "성과 명으로 제대로 보기 위해서는 심과 기를 공부해야 하기에 성명쌍수(性命雙修)를 심기수련(心氣修鍊)이라 합니다. 성을 닦는 수련법인 지감(止感)은 본성을 드러내기 위해 감정을 잘 조절해야 함을 의미하며, 명을 닦는 수련법인 조식(調息)은 호흡하는 숨이란 의미보다는 자신의 삶의 역할에 마음을 잘 조절해야 함을 의미하며, 정을 닦는 수련법인 금촉(禁觸)은 몸에서 느끼는 감각에 휘둘리지 말라는 의미입니다."[95]

(1) 명(命)수련과 기(氣)수련
 우주관점에서는 모든 역할에 좋고 나쁨이 없습니다. 해야 할 역할이 그저 명(命)일 뿐입니다. 전일성을 잊고 개체성에 치우친 인식수준에서, 명(命)을 청탁의 개념이 포함된 기(氣)로 잘못 인식하여 자신과 주위의 역할을 놓고 '좋다 나쁘다' 호불호를 가리게 되었을 따름입니다. 따라서 기를 닦는 수련 대신 명을 닦는 수련을 하기 위해서, 통상적인 생체의 기수련이 아니라 자신의 운명에 따른 역할의 의미를 살펴보고, 다양한 역할들의 존재 가치를 깊이 살펴보는 명수련이 필요합니다. 결국에는 모든 생명체의 역할이 다 소중하고 가치 있는 일이며 거기에 원래 청탁이 없음을 알고 깨닫는 순간, 명을 제대로 이해하게 되고 명수련이 완성됩니다. 세상 모든 것들의 본래 역할을 기가 아닌 명으로 인식하면, 자신의 역할인 명을 보다 충분히 이해하고 나와 내 주위의 명의 흐름을 상황에 따라 알맞게 조절하는 지혜를 갖게 됩니다. 명수련을 통해 우주 구성원으로서 각각의 존재와 역할에 대한 바른 이해와 더불어 진정한 감사와 존중의 태도를 갖게 됩니다.

다만 이 책에서는 명(命)의 의미를 '역할'로 사용하면서 명수련법인 조식(調息) 또한 각자 삶의 '역할'을 수행하는 과정에서 마음을 잘 조절한다는 의미를 포함합니다. 물질과 에너지를 비롯한 나와 삶의 모든 상황도 명(命) 혹은 역할로 볼 수 있으며, 숨쉬듯 드나들고 있는 각 역할들의 흐름을 조절하는 것이 조식입니다. 명수련을 하게 될수록, 명(命)과 그 흐름을 지혜롭게 조절하여 명(命)의 조화(調和) 즉 기화(氣和)를 이룰 수 있습니다.

(2) 성(性)수련과 심(心)수련

사람의 내부에 본성으로 표현되는 우주의 원리가 내재되어 있다는 사실을 이해하고 내가 본래 우주이자 자연임을 깨닫는 상태가 되는 방법이 '성수(性修)'이며, 완성된 상태를 '견성(見性)'이라고 합니다. 견성의 수준에 도달하면 감정에 휘둘리며 살아가는 나의 마음으로부터 자유로워져 세상을 있는 그대로인 참된 모습으로 보게 됩니다. 성을 이해하기 위한 방법으로 하나의 관점 및 의식수준에서 관찰하고 알아차리는 정관(正觀), 편견이 가득 찬 마음을 완전히 없애는 명상(冥想), 앎(識)의 수준을 높여 인식의 수준을 향상시키는 식대화(識大化) 등이 있습니다. 이들 방법을 통하여 마음에서 원래 있던 성을 보게 되는 것입니다. 성수련이 더 근원적으로 효과가 있지만 나와 다른 생명체들의 가치와 역할을 귀하게 여기는 명수련도 성수련에 큰 도움이 됩니다.

(3) 성명쌍수(性命雙修)

성(性)수련과 명(命)수련을 함께 수련하는 것을 성명쌍수라 합니다. 성명쌍수의 훌륭한 점은 내재된 전일성에 대한 명확한 이해로 최고의 의식수준에 도달하게 하는 마음수련의 핵심원리일 뿐만 아니라 운명 변화에 의한 자신의 상황이나 역할을 이해하고 뜻한 대로 이루어 나가는 역할수련의 핵심원리가 동시에 포함되어 있다는 것입니다. 수련하는 주체도 나이며 변화해야 할 대상도 나인 것이며, 수련하는 과정과 결과도 내가 살고 있는 일상생활이란 점을 깨닫게 합니다. 형이상학(形而上學)과 형이하학(形而下學)의 구분이 사라지고 이상(理想)세계와 현실(現實)세계가 하나로 통합되는 훌륭한 수행 방법입니다.

성명정 원리의 핵심[96]

삼진(三眞)	성 性 ○	명 命 □	정 精 △
	심 心	기 氣	신 身
삼망(三妄)	선심善心 악심惡心	청기淸氣 탁기濁氣	후신厚身 박신薄身
	복福 화禍	수壽 요夭	귀貴 천賤
삼도(三途) 진망갈등의 결과	감(희구애노탐염) 感 喜懼哀怒貪厭	식(분란한열진습) 息 芬爛寒熱震濕	촉(성색취미음저) 觸 聲色臭味淫抵

우주 수준의 성공, 자유, 행복에서 평안까지

수행방법	지감止感	조식調息	금촉禁觸
수행과정	일의화행(一意化行) 반망즉진(返妄卽眞) 발대신기(發大神機) 성통공완(性通功完) ⇒ 지금조식금촉을 한 뜻으로 행하여 망을 고쳐 진이 되니 신의 기틀을 크게 일으켜 성통하고 공완하는 것이다.		
수행결과	심평(心平) 마음이 평함	기화(氣和) 기운이 화합	신강(身康) 몸이 굳셈
철인(哲人) 특성	무선악 ⇒ 상철 통성 上哲通性 신과 덕德이 일치(合德)	무청탁 ⇒ 중철 지명 中哲知命 신과 혜慧가 일치(合慧)	무후박 ⇒ 하철 보정 下哲保精 신과 력力이 일치(合力)

성명정의 원리는 아래에 열거한 다양한 개념들을 이해할 수 있는 근거를 제시하고 있습니다.

- 생명과 생명체를 통하여 나의 정체
- 성명정 ↔ 심기신(선-악, 청-탁, 후-박)
- 성리학과 명리학
- 마음수련과 기수련
- 평화(平和) = 심평(心平) + 기화(氣和)
- 건강(健康) = 심건(心健) + 신강(身康)
- 철인(哲人) = 성통공완자(性通功完者) = 덕(德) + 혜(慧) + 력(力)을 갖춘 자
- 운명과 성공의 원리

성명정의 원리는 우주의 핵심 원리와 그 도달방법에 대해 현실적으로 명확하게 설명할 수 있기에 이 책에서 가장 중요하게 생각하는 중요한 개념입니다. 나

의 감정들, 나의 역할 및 주변상황에 대한 가치판단, 나의 감각들에 대한 편견이 섞인 습관적인 인식의 틀에서 벗어나서 점점 있는 그대로 인식하게 될수록 감식촉(感息觸)[97]에 휘둘리지 않고 점점 자유로운 상태가 됩니다. 궁극적 단계에 도달하면 나의 마음(心), 나의 기(氣), 나의 몸(身)을 각각 성(性), 명(命), 정(精)으로 바라보는 관점과 의식수준을 갖게 됩니다.

생명체인 나의 운명에 대해 알고 이해하게 되어 '명수'가 가능하게 되고, 전일성과 개체성이 공존하는 나의 마음에 대해 이해하게 되어 '성수'가 가능하게 됩니다. '성수'와 '명수'가 되면 '정수(精修)'는 당연히 따라오는 것입니다. 궁극의 수준까지 자신의 정체(正體)와 삶을 이해하고 변화하기 위해서는 성명쌍수를 학습하는 것이 매우 효율적인 방법이라고 생각합니다.

우주의 관점에서 보면, 특정한 나의 역할이나 상황뿐 아니라 지금 여기 평범한 나의 역할이나 상황도 다 특별하고 소중합니다. 일상에서 나의 일과 상황을 이해하고 그 역할에 최선을 다하는 행위야 말로 나의 삶을 스스로 특별하고 소중하게 만드는 행위입니다. 사실 현재가 흘러 과거가 되고, 과거에 쌓인 결과가 현재이고, 현재가 쌓여 미래가 만들어지기 때문에 과거-현재-미래에 모두 잘살기 위해서는 평범한 나의 현재 삶에 집중해야 합니다. 이렇게 소중한 현재 나의 삶을, 전해져 내려오는 전통(傳統)적 틀에 의지하여 사는 것에서 벗어나 바르게 전해져 내려오는 정통(正統)적 틀을 기반하여 살도록 바꿔야 합니다. 내 안에 있던 불필요한 전통적 틀에서 벗어나 우주이며 자연의 성품과 이치에 어긋남이 없는 상태에 도달하면, 모든 틀에서 자유로워진 상태인 해탈(涅槃)이 되었다고 할 수 있습니다. 나를 포함한 내 주변과 서로 잘 어울리면서 조화(調和)롭고 안정된 마음(心平)을 유지하는 평화로운 삶을 살게 됩니다.

성명정의 관점에서는 나와 상대방은 원래 둘 다 우주이므로 본질적으로 같은 존재이지만 동시에 각자 역할이 다른 생명체들입니다. 성명쌍수가 되어 갈수록 각자의 역할들을 이해하면서, '틀리다'에서 벗어나 점점 '다르다'라고 인식하는 방향으로 전환됩니다. 우주의 관점에서 나와 상대방은 각자 역할이 다른 생명체로서 다같이 특별하고 존귀하여 오히려 모두 평범한 존재들이 됩니다. 이렇게 평범함 속에 특별함을 갖춘 사람은 당당하면서도 겸손한 삶의 태도를 동시에 갖출 수 있습니다.

5장 궁극의 깨달음으로 욕구와 집착에서 자유롭기

> 모든 중생에게 본래부터 있는 최고의 깨달음은 본각(本覺)
> 무명(無明)의 습기(習氣) 때문에 본각이 완전히 가려져 있는 상태는 불각(不覺)
> 본각이 드러나는 과정에서 나타난 깨달음은 시각(始覺)
> 시각으로 본각에 도달한 구경각(究竟覺)[98]

 최고의 깨달음인 구경각에 도달하기 위해 내 안의 본각을 깨우치는 과정이 마음공부입니다. 우주의 관점과 의식수준이 될수록, 개체성에만 치우친 마음으로 사는 삶은 전일성을 바탕으로 개체성을 수용하는 마음으로 사는 지혜로운 삶으로 변화할 것입니다. 나의 마음에서 선악을 알게 하는 나무의 과실인 선악과(善惡果), 오염되고 괴로운 마음인 번뇌(煩惱), 편견 가득한 생각(想)을 사라지게 하는 것이 그 방법이며, 이번 장에서는 번뇌를 중심으로 소개합니다.
 108번뇌를 살펴보면 선악(善惡, 착함과 악함)과 호오(好惡, 좋고 싫음)에 대한 분별과 과거-현재-미래까지 포함되어 번뇌의 종류를 구체적으로 알 수 있습니다.[99] 매 순간 나에게 일어나는 번뇌는 108가지 안에 있기에 나의 괴로움의 원인을 찾아보는 데 효과적입니다.

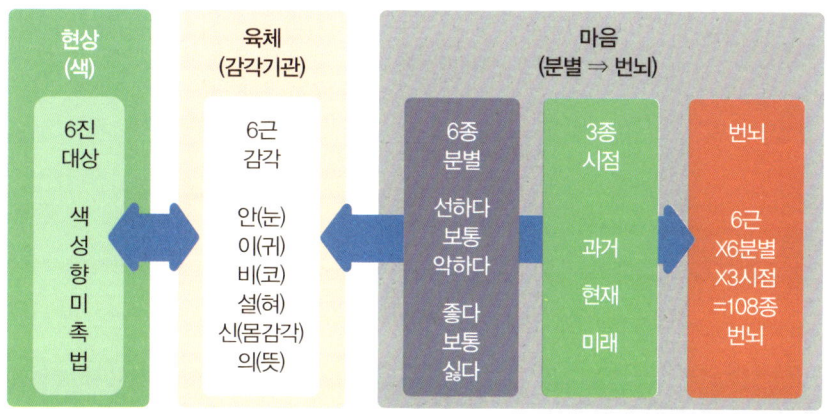

• 108번뇌 예시

시간	대상	감각	느낌	정서 및 생각(분별)	번뇌종류
과거	소리	귀	청각정보	예전에 듣기에 싫었던 소리	과거-귀-싫음(오)
현재	촉	몸의 감각	감각정보	현재 느끼기 보통인 질감	현재-신-보통(평)
미래	색	눈	시각정보	앞으로 보기에 옳을 광경	미래-눈-옳음(선)

이런 번뇌로 인한 괴로운 삶은 십이연기(十二緣起)에서 무명(無明)이 원인이 되어 발생하는 필연적인 결과라고 합니다.[100] 십이연기의 중간 과정에 있는 각 단계들을 바꾸는 것은 당연히 행복한 삶으로 변화하는 효과가 있지만 그보다 상위 단계의 원인을 바꾸지 않으면 또 다시 괴로운 삶으로 돌아갑니다. 예를 들면, 욕구를 조절하고 그 욕구대로 하려는 행동을 조절하여도 그 원인이 되는 감각과

느낌에서 벗어나지 못하면 그 욕구는 다시 시작되어 괴로운 삶으로 돌아갑니다. 앎의 성장으로 인식의 기준이 바뀌는 것은 아래 단계들까지 조절할 수 있어 괴로운 삶에서 좀 더 벗어날 수 있으나 무명한 상태에서 완전히 벗어나지 못한 상태이기 때문에 결국에는 다시 괴로운 삶으로 돌아갑니다. 나의 마음 및 존재수준이 영적으로 변화하는 영적인 깨달음이 있어야만 무명에서 벗어난 참된 변화가 일어납니다. 여기서 전일성을 회복하는 영적인 깨달음은 궁극의 깨달음과 같습니다.

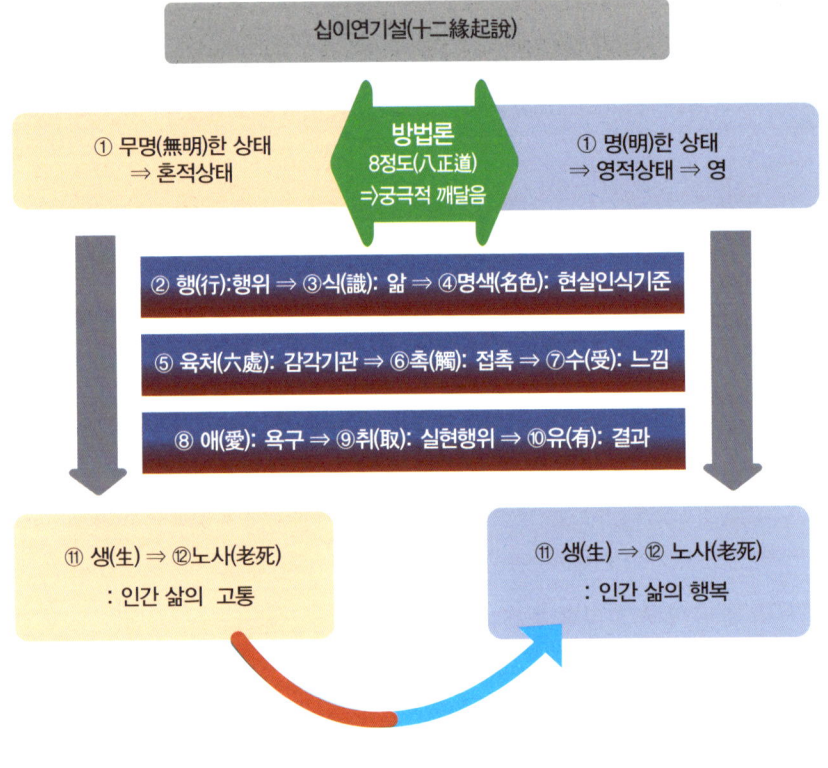

고통스러운 삶을 일으킨 근본원인인 무명(無明)한 상태를 명(明)한 상태로 바꾸기 위한 올바르고 효과적인 방법으로 팔정도(八正道)가 있습니다.[101] 팔정도 수행법을 통하여 무명에서 완전히 벗어나 명한 상태로 되는 과정은 영혼이 영적 깨달음을 통해 전일성을 회복하여 영으로 전환되는 과정이라고 볼 수 있습니다.

팔정도(正道) 수행법의 내용을 간단히 소개하면 다음과 같습니다. 여덟 가지 방법들이 서로 유기적으로 결합되어 있는 특성이 있어서 한 가지 방법을 행한 것은 다른 방법에도 영향을 주는 관계입니다. 예를 들면, 우주의 관점에서 행동하려면 우주의 관점에서 생각하기가 어느 정도 가능해야 합니다.

정견(正見)　정사유(正思惟)　정어(正語)　정업(正業)
정명(正命)　정정진(正精進)　정념(正念)　정정(正定)

팔정도에서 각 방법들의 공통점은 궁극의 하나에 머무름(正)의 개념이 들어간다는 것입니다. 이 책의 다양한 수행법들도 우주의 관점 및 의식수준에서 전일성을 회복한다면 무명을 명으로 바꾸고 영혼을 영으로 바꾸는 방법이 될 수 있습니다. 우주의 관점에 머물며 관찰 및 인식하는 정관(正觀)은 궁극의 깨달음 수련법에 꼭 필요한 요소입니다. 이런 맥락에서 본다면 바른(正)의 개념이 빠진 수련법은 궁극의 깨달음 수련법이 될 수 없습니다. 특정 목적을 이루기 위한 수련법이라 해야 할 것입니다. 이렇게 수련법이 철저히 구분되어 있어야만 자신의 원하는 목적에 알맞은 수련법을 선택할 수 있습니다. 예를 들면, 건강회복만이 필요한 사람에게는 건강수련법이, 늘 자유롭고 행복하고 싶은 사람에게는 궁극의 깨달음 수련법이 적합합니다. 그러나 건강 수련법을 궁극의 깨달음 수련법으로 혼용하는 것은 문제입니다.

반드시 신비(神祕)한 초능력이 나타나야만 궁극의 깨달음 상태일까요?

신비한 초능력이 궁극의 깨달은 상태라는 증거로 나타날 수 있지만, 때론 안 나타날 수도 있습니다. 신(神)은 언제나 신통력(神通力)을 발휘하고 있습니다. 신비(神祕)한 현상은 사람의 관점에서만 신(神)이 뭔가 비밀처럼 감춰 놓은 현상으로 인식될 뿐이며, 신의 관점에서는 신비하지 않고 특별하지도 않은 스스로의 원리에 의해 나타난 현상에 불과합니다. 신의 관점에서는 언제든 드러내면 되는 일이고 사람의 관점에서는 신비하고 특별한 것이 되는 것입니다. 사람의 기대와는 상관없이 신은 스스로의 질서대로 신비해 보이는 현상을 알맞게 드러낼 뿐입니다. 따라서 궁극의 깨달음에 도달한 자는 때론 비범한 능력을 보여줄 수도, 그저 평범한 능력만을 보여 줄 수도 있습니다. 궁극적으로 깨달은 사람과 아닌 사람의 차이를 알기 위해서는 일상생활에서 자유롭고 행복한 상태를 누리며 여유롭고 넉넉한 태도를 얼마나 일관성 있게 갖고 있는지를 주로 살펴봐야 합니다. 궁극에 깨달은 사람의 삶은 겉으로 보기엔 세상 물정에 어두운 순진(純眞)한 사람의 수동적인 삶처럼 보일수도 있지만, 실제론 순수(純粹)하게 최고의 합리적 선택과 판단을 하는 자유로운 삶입니다.

6장 진선미로 이루어진 세상은 지복, 천국, 극락이다

우주가 창조한 세계는 우주 뜻대로 나름의 역할을 하고 있는 다양한 생명체들로 이루어져 있으므로 원래 선악호오의 구별이 필요 없는 세계입니다. 우주의 관점에서는 우주의 원리대로 생성된 모든 생명체를 늘 참되고 옳으며 아름답게 인식하기 때문에, 우리가 우주의 관점 및 의식수준에 다가갈수록, 우주 안에서 살면서 최고의 가치를 누리는 늘 자유롭고 행복한 상태가 되는 것이 가능합니다.

(1) 진(眞) - 우주의 관점에서 세상은 모두 참이다.

수처작주 입처개진(隨處作主 立處皆眞)[102]
지금 여기 상황에서 주인(主人)이 되면 서 있는 곳마다 참된 곳이 된다

우주의 관점에서 볼 때, 우주의 원리이며 진리에 의해 형성되고 운영되는 지금 순간은 늘 참된 세상입니다. 다만 우주의 원리를 다 이해하지 못한 개체로 살아가는 사람에게 지금 순간은 거짓, 허상, 우연, 혼란스럽고 무질서한 세상으로 인식될 뿐입니다. 거짓이란 인식은 현상에 대한 낮은 인식수준 때문이며, 개체의 인식과 무관하게 참된 본질은 언제나 현상속에 고스란히 담겨 있습니다.

- 색불이공 공불이색(色不異空 空不異色) 색즉시공 공즉시색(色卽是空 空卽是色)[103]
  색은 사람이 인식한 현상이며 공은 고정 불변의 실체가 없는 것이며, 색과 공은 같다.
- 진공묘유(眞空妙有)
  진짜공(眞空)은 별도로 분리된 불변의 실체가 아니라 사물 그 자체의 존재양상이며, 이 세계의 만물과 공의 원리가 서로 장애함이 없는 관계로 존재하는 것이라 파악할 때 진공은 묘하게 있는 상태인 묘유(妙有)가 된다.[104]
- 영점에너지(zero point energy)
  양자역학계가 가질 수 있는 가장 낮은 에너지로, 그 계의 바닥 상태의 에너

지이다.[105]

　육체적 감각으로 실체가 있는 것으로 인식한 현상(색, 色)은 원래는 고정 불변한 실체가 없어서 공(空)이 되는 것(색 ⇒ 공)이며, 인식수준의 증가로 공에서 새롭게 인식한 현상(색)이 있다면 공은 색이 되는 것(공 ⇒ 색)입니다. 많이 들어본 색즉시공에서 끝난다면 모든 것이 허상이며 허무한 세상이 됩니다. 허무한 세상을 다시 실체가 있는 세상으로 되돌리는 공즉시색에 대해 더 알아보겠습니다. 현대인은 과학 기계의 발달로 사람의 감각범위를 벗어난 여러 가지 파동과 에너지 형태를 기계를 통하여 인식하고 해석하여 일종의 고차원적인 감각정보를 얻을 수 있게 되었습니다. 예를 들면, 감각적으로 알 수 없는 공의 세계인 바이러스부터 분자, 원자, 기본입자들부터 다른 은하계나 블랙홀을 과학 기계를 통하여 사람이 인식가능한 색의 세계로 바뀌었습니다. 공의 세계를 색의 세계로 만들면서 거기에 있는 본질이나 원리를 탐구할 수 있게 되어 실생활에 유용한 기술과 제품을 만들어 사용하게 되었습니다. 인식수준에 따라서 기본입자-일상생활-천체(天體)는 모두 색과 공이 공존하는 세계가 됩니다. 따라서 본질적으로 색과 공은 같으나 인식수준에 따라 다르게 나타나는 현상에 불과합니다. 이 두 세계를 나누어 보는 편견에서 벗어나 그 안에 참된 본질을 살피라는 의미입니다.

　육체적 감각도 우주에서 필요해서 만든 제 역할이 있으며, 우주에서 선물한 소중한 인식체계입니다. 예를 들면, 다가오는 버스를 눈으로 보고 피하고 사람의 얼굴이나 표정을 알아보고 말이나 소리를 듣고 감각적 통증을 통해 빨리 몸을 피하거나 해당 부위에 조치를 하는 경우 등등 일상에서 즉각적인 반응이 필요한 경우입니다. 그리고 감각적/고감각적 인식을 통한 체험으로 앎을 확장할 기회가 생기기 때문에 의식 및 인식수준의 향상에도 꼭 필요한 인식의 체계입니다.

다만, 편견이 가미되어 잘못된 인식을 형성할 확률이 높기 때문에 편견을 지우는 명상이 필요한 것입니다. 육체적 감각을 통한 정보가 문제가 아니라 그 정보를 해석하는 인식 수준이 문제인 것입니다. 육체적인 감각에 근거하여 만들어진 현실 같은 나의 삶은 실체가 아니라고 부정할 것이 아니라 그 안에서 있는 참된 본질을 알 수 있는 인식수준이 되는 것이 중요합니다. 감각적/고감각적 정보를 명상을 통하여 있는 그대로 인식하는 수준에 도달하면, 감각을 벗어난 초감각적 인식인 직관체계와 같은 수준이 되는 것입니다. 모든 인식체계로 늘 참만 인식하는 수준에 도달하면, 색=공=진(眞)이 되는 참된 세상에 살고 있는 상태가 됩니다.

따라서 현상을 있는 그대로 인식하는 자에게는 색과 공이 다르지 않고 이 세상은 본래 참된 상태이며, 현상에서 본질을 인식하지 못하는 미혹(迷惑)된 자에게 이 세상은 거짓되고 허상처럼 인식됩니다.

(2) 선(善) – 우주의 관점에서 세상은 모두 옳다.

우주의 관점에선 스스로 창조한 우주 안의 모든 존재나 상황은 오직 선만이 존재하는 절대선의 세계입니다. 개체의 관점에선 개체에게 필요하거나 이익(利益)인 것을 선으로 혹은 불필요하거나 손해(損害)인 것을 악으로 분별하며 살아가기 때문에 선과 악이 대립하는 세계입니다.

- 우주적 관점 : 손익영허(損益盈虛)[106]
  > 아래를 덜어내어 위를 더하고, 위를 덜어내어 아래를 더하고, 부족한 곳을 채우고, 넘치는 곳을 비우다.
- 개체적 관점 : 이해득실(利害得失)

이런 선악이 대립하는 세계를 근본적으로 해결하는 방법은 개체적 관점에서만 선악을 분별하는 마음(분별심, 分別心)에서 벗어나서 우주적 관점으로 살펴보고 식별하는 마음(무분별지, 無分別智)이 되는 것입니다. 이 책에서 무분별지는 개체성을 포함한 전일적 관점에서 필연적인 인과관계를 바르게 인식하고 판단하는 의식작용을 뜻합니다. 개체로선 생존을 위해 분명히 선악호오를 판단하고 살아가는데 이것을 초월한 절대선만이 존재한다는 것은 참 어렵고 불편한 개념입니다. 이런 문제는 개체성을 포함한 전일성이라는 개념에 대한 오해로부터 나타난 결과라고 생각합니다.

벗어나야 할 것은 전일성을 잊은 채 개체성에 치우친 왜곡된 선악 판단
해야 할 것은 전일성을 회복한 상태에서 개체성을 포함한 바른 판단

전일성을 회복하는 궁극적 깨달음을 얻을수록 분별심에 의한 왜곡된 인식, 판단, 행동은 자연스럽게 점점 줄어들 것입니다. 전일성을 완전히 회복한 사람이 하는 개체성에 의한 판단은 이미 우주의 관점에서 갖는 절대선에 근거한 판단과 같아지기 때문에, 이런 사람을 '절대 선한 자'라 합니다. 그래서 단순한 믿음이나 무지의 의해 순진해서 선(善)한 것과 '절대 선한 것'은 다른 차원의 선(善)함입니다.

따라서 무명(無明)한 상태에서 갖는 선악호오 판단을 기준으로 분별하게 되면 번뇌가 생기고 불행한 삶을 살게 됩니다. 궁극의 관점과 인식을 갖는 것은 괴롭고 불행한 삶에서 벗어나는 근본적이며 자연스러운 해결 방법이며, 절대선의 세상으로 들어가는 입장권을 갖게 된 것과 같습니다. 소크라테스와 그 제자들도 악한 행동은 무지에서 비롯된다고 보았으며 내재된 덕을 반복적으로 드러내어 실행하여 습관을 형성하는 것을 해결 방법으로 제시하고 있습니다.[107] 먼저 시도

할 것은 생존의 문제가 아님에도 갖고 있는 불필요한 선악호오 판단을 발견하고 그 판단에서 자유로워지는 것입니다.

(3) 미(美) – 우주의 관점에서 세상은 모두 아름답다.
● 미(美)_ 표준국어대사전
1. 눈 따위의 감각 기관을 통하여 사람에게 좋은 느낌을 주는 아름다움.
2. (일부 명사 앞 또는 뒤에 붙어) '아름다움'의 뜻을 나타내는 말.
3. 교육 성적이나 등급을 '수, 우, 미, 양, 가'의 다섯 단계로 나눌 때 셋째 단계.
4. 철학 개인적인 이해관계가 없이, 내적 쾌감을 주는 감성적인 대상.

● 아름답다_ 표준국어대사전
1. 보이는 대상이나 음향, 목소리 따위가 균형과 조화를 이루어 눈과 귀에 즐거움과 만족을 줄 만하다.
2. 하는 일이나 마음씨 따위가 훌륭하고 갸륵한 데가 있다.

미(美)의 사전적 정의에 의하면, 미는 주로 시각 혹은 청각에 의해 즐거움과 만족 같은 좋은 느낌을 주는 일종의 주관적인 가치판단입니다.

어떤 감각적인 대상이 주관적으로 좋은 느낌은 주는 이유는 무엇일까요?
사전적 정의들을 살펴보면 미적 쾌감을 주는 원리는 서로 잘 어울리는 조화(調和)와 한쪽으로 치우치지 않는 고른 상태인 균형(均衡)에 있다고 합니다. 그리고 그 조화와 균형은 사물의 형상(形相) 및 사물의 순수하고 완전한 원형인 본질로부터 유래됨을 알 수 있습니다. 이렇게 살펴본다면 조화와 균형에 대한 각자의 인식 수준만큼 미를 인식하는 수준이 결정된다는 것을 알 수 있습니다. 따라서 인위적인 조화와 균형을 가진 아름다움인 인공미(人工美)를 인식하기 위해서는 사람의 일반적인 인식수준이면 되지만, 완전한 조화와 균형을 가진 최고의 아름다움인 절대미(絕對美)를 인식하기 위해서는 우주와 같은 최고의 인식수준이 되어야 합니다.

그럼 마지막으로 조화(調和)에 대한 의미를 살펴본다면 미에 대해 정확히 알 수 있을 것입니다. 사전적으로는 '서로 잘 어울림'이라 합니다. 성명쌍수에서 명(命)수련의 수행결과는 기(氣)가 서로 화합하는 기화(氣和)입니다. 조화(調和)도 기화(氣和)처럼 우주의 원리에 의해 각각의 역할들이 서로 어울려 화합하고 있는 균형상태라고 봐도 될 것입니다. 이런 개념대로면, 각각의 역할들이 서로 어울리고 화합하지 않아서 균형이 깨진 상태는 아름답지 않는 상태가 됩니다.

소크라테스의 목적론적 관점에서 미(美)의 정의

미란 사물이 목적에 적합하게 쓰이는 것이다.

"아름다운 방어용 방패와 아름다운 공격용 창 역시 다르네. 금으로 만든 방패라 할지라도 그 역할을 다하지 못한다면 추한 것이다. 모든 사물은 그 목적을 제대로 수행했을 때 선하고 아름다운 것이 된다. 제대로 수행하지 못하면 악하고 추한 것이 된다."[108]

보통은 아름다움을 표현하려는 사람의 활동 및 그 작품을 예술(藝術) 및 예술작품이라 합니다. 예술은 특정 뜻에 맞게 제 역할을 하는 능력이나 아름답고 높은 경지에 이른 숙련된 기술을 의미하기도 합니다. 이런 의미를 적용한다면, 작가의 의도에 맞게 제대로 표현된 작품은 제 역할을 한 것이므로 아름다운 작품이 되며, 작가의 의도와 다르게 애매하게 표현된 작품은 제 역할을 못한 것이므로 아름다운 작품이 아닙니다. 예술작품은 작가가 의도한 수준과 그 의도대로 표현된 수준으로 평가해 볼 수 있습니다. 훌륭한 의도와 그 의도대로 표현된 작품은 우주의 조화와 균형을 그만큼 담고 있는 제 역할을 하는 예술작품이기 때문에, 우리에게 절대미에 가까운 만족감과 쾌감을 선사할 것입니다. 우주의 관점이라면 스스로의 원리대로 창조한 모든 존재는 완전한 조화와 균형을 이룬 상태이며, 이런 인식수준에 이른다면 모든 존재나 상황에서도 절대미를 체험하는 수준에 이르게 됩니다. 박물관이나 미술관에 있는 예술작품뿐 아니라 나와 나의 주위에 있는 존재들도 본질적으로 우주의 아름다운 예술작품입니다. 인공미(人工美), 자연미(自然美), 절대미(絕對美)가 하나되는 상태입니다. 처음부터 아름다움에 대한 판단기준을 갑자기 바꾸는 것이 쉽지 않습니다. '나는 제 역할을 하는 ~가 아름답다고 생각한다.'라는 문장을 자주 사용하여 아름다움에 대한 판단기준을 새롭게 적용해 보는 방법이 있습니다. 이런 미에 대한 관점을 현실에도 적용한다면, 생명체(生命體)로서 명(命)대로 자신의 역할을 제대로 하는 상태가 아름다운 상태입니다. 특별한 사람들만이 아름다운 존재가 아니라 제 역할에 최선을 다하는 사람들, 존재들 모두가 아름다울 수 있습니다. 미의 기준이 바뀌는 것만으로도 처음부터 부족해 보이는 나도 우주의 관점에서 언제나 아름다운 존재이며, 사람의 관점에서도 아름다운 존재가 될 기회가 생긴 것입니다. 따라서 성명쌍수의 명(命)수련은 자신과 세상 모든 것에 대해 본래 역할을 이해하고 실현해 나가는 방법이기 때문에, 자신의 역할에 대한 아름다움을 이해하고 그 역할을 충실히 실현해 나감으로써 아름다워지는 방법인 셈입니다.

그럼 개인이나 공동체가 나쁜 행위를 하는 경우를 어떻게 해석해야 할까요?

저도 개인적으론 부정하고 싶고 동의하기 싫지만, 우주의 관점에서는 사회적으로 나쁜 행위자도 아름다운 존재인 것은 분명합니다. 우주의 원리에 의해 그러한 생명체가 만들어지고 성장하고 그런 행위가 이루어진 것입니다. 우주의 원리에 의해 나타난 결과이지만 받아들이기 싫고 불편한 진실입니다.

여기서도 앞장의 선(善)에 다룬 내용처럼, 전일성에 근거하여 개체적인 판단을 하는 지혜로운 관점이 필요합니다. 전일성을 회복할수록 왜곡된 선악판단에서 좀 더 자유로워지기 때문에, 비교적 객관적이며 있는 그대로 보고 판단하는 지혜가 생깁니다. 특정 개인이나 공동체의 관점에서 불필요하고 제 역할을 못하는 나쁜 사람이지만, 우주의 관점에서는 제 역할을 하는 선하고 아름다운 사람이라는 두 가지 사실을 동시에 이해하고, 그에 적합한 지혜로운 판단 및 대처를 하게 됩니다. 이 과정에서 우주의 구성원으로 나쁜 행위자가 생긴 원인, 그리고 특정 개인이나 공동체가 그 체험을 하게 된 원인을 규명하고 이해하여 그에 맞는 대응을 하는 것이 중요합니다. 우주의 원리상 허용하는 범위 내에서, 우주의 공동창조자인 각 개인 및 공동체는 공동체의 유지 및 발전에 부정적이며 불필요한 체험을 굳이 재창조할 필요는 없습니다.

(4) 지복(至福) - 우주의 관점에서 누리는 지속된 행복

사전적으로 '욕구가 충족되어 충분한 만족과 기쁨을 느끼는 상태'를 행복이라 정의한다면, 끊임없이 새로운 욕구가 발생하는 상황에서는 행복을 지속하기 어렵습니다. 이 정의대로 계속 행복하려면, 우리는 욕구를 충족하기 위해 끌려가듯 살아가야 하는 욕구의 노예가 되어야 합니다. 그래서 지속된 행복을 누리기 위해선 행복의 정의를 다르게 사용해야 합니다.

> 【 이 책에서 사용하는 행복의 정의 】
> 모든 욕구가 충족되어 열정과 욕망으로부터 자유로운 상태[109]
> 행복은 단순히 정서적 욕구가 만족되는 상태가 아닌 마음의 동요와 감정의 혼란이 없는 상태인 평정심을 유지한 상태입니다.[110]

이 책에서 사용하는 행복은 모든 욕구로부터 자유로운 상태를 의미하며 계속 유지할 수 있는 특성을 갖고 있습니다. 모든 욕구로부터 자유로운 상태가 되어 욕구를 누리며 살아가는 모든 욕구의 주인이 되는 것과 같습니다. 욕구의 수준도 다양해서 버리고 비워야 할 욕구도 있고 깨달음의 욕구처럼 꼭 필요한 욕구도 있습니다. 궁극에선 깨달음의 욕구에서도 자유로워지는 것입니다.

우주적 관점 및 의식수준에 다가갈수록 세상을 전보다 더 참되게, 옳게, 아름답게 인식하며 살아갈 것이며, 우주관점에 도달한 경우에는 어떤 문제나 욕구로부터 자유로운 경지인 무애자재(無礙自在)인 존재가 되어갑니다. 여유롭고 넉넉한 내면의 평안을 이룬 상태가 되며 늘 자유롭고 행복함이 지속되는 상태인 지복(至福)한 상태입니다. 죽어서 가는 내세(來世)나 다른 차원의 세상이 아닌, 내가 살고 있는 곳인 지금 여기가 낙원(樂園)이며, 천국(天國, Heaven), 극락정토(極樂淨土)로 바뀌는 것입니다.

"궁극의 진리에 도달하고 그것이 사실이라고 알게 되면(대오, 견성), 그 진리는 하찮아 보였던 내가 사실은 더 이상 위대할 수 없는 대단한 존재임을 깨닫게 해, 나를 구속할 것은 내 마음 뿐이며 본래부터 자유로운 것을 단지 잊고 지냈음을 알게 된다. 내가 더 이상 추구할 욕구와 욕망이 필요 없는 무애자재한 존재라는 것이 사실로 받아들여지면, 욕구와 욕망에서 해방된 지고의 행복을 누리게 된다. 그래서 궁극의 진리를 복음(福音)이라고 하는 것이다."[111]

7장 자아존중과 자아실현으로 진정한 나와 소통

　우주의 관점에 도달할수록 나의 역할인 명에 대해 알고 바로 쓰고자 할 것이며, 동시에 나를 제한하고 있던 편견이나 틀이 점차 사라지면서 나의 원래 역할에 대한 왜곡된 인식에서 자유로워질 것입니다. 내가 진정으로 하고자 하는 역할을 하려는 의도가 마음속에서 자연스럽게 표출될 것입니다. 이런 과정은 나에 대한 존경(尊敬)이며 나를 실현하는 단계입니다. 진정한 나(참나)와 소통하며 그 뜻을 실천하는 상태입니다. 일상에서 내가 진정으로 하고 싶은 일을 찾고 실행하면서 신명(神明)나게 혹은 신이 나서 하는 상태가 됩니다.

　스스로 설정한 삶의 방향으로 자신의 역할을 다하기 위해서 일에 대한 열정과 동기가 자연스럽게 형성됩니다. 여러 가지 어려움에도 실현 과정 자체를 누리면서 성취여부와 상관없이 끈기 있게 유지할 수 있는 원동력이 됩니다. '~때문에', '~임에도 불구하고' 하는 단계가 아닌 스스로 그냥 하는 단계입니다. 자연의 모든 현상은 자연의 원리대로 나타난 자연의 자발공(自發功)이라 할 수 있습니다. 스스로 자(自)의 수준이 우주 및 자연 수준이므로 이런 자유자재(自由自在)[112] 한 사람의 삶은 궁극의 자발공(自發功)으로 이루어져 있으며, 자연스러운 수준을 넘어 자연과 일치하는 가장 효율적인 수준입니다.

자아존중감(自我尊重感, self-esteem)을 통한 진정한 사랑과 감사

　나의 정체성과 정체(正體)에 대해 알아갈수록 나에 대한 가치판단을 바르게 하게 되어 자아존중감은 증가할 수밖에 없습니다. 이런 경우 나의 몸과 마음을 진심으로 사랑하고 감사하게 대하는 마음을 저절로 갖게 되며, 외부로도 정확히 같은 수준만큼 표현할 수 있습니다. 이 책에서 사랑은 어떤 대상과 하나가 된 일체(一體)된 상태를 의미합니다. 사랑하고 감사하는 나의 마음만큼만 자신이나 다른 존재를 사랑하고 감사할 수 있기 때문입니다. 나 자신뿐만 아니라 사랑하는 다른 사람을 진정으로 공경(敬敬)하고 예의를 갖추는 것도 자아존중입니다. 현재 의식이 자신의 정체(正體)에 대한 일체(一體)감이 커질수록 자아존중감에 근거한 사랑하고 감사하는 마음은 성장합니다. 처음엔 나의 정체(正體)와 일체감이 형성되어 자아존중감에 근거하여 자신에 대해 사랑하고 감사하는 마음을 갖게 됩니다. 내가 가족과 일체감이 형성되어 나의 영역이 확장되면, 사랑하고 감사하는 마음은 나와 가족으로 확대됩니다. 이런 원리는 특정 물체, 애완견, 연인, 부모자식, 사회, 국가, 지구 등 다양한 영역으로 확장될 수 있습니다.

서로 다른 둘이 완전히 사랑하는 경우, 서로가 완전히 일체가 된 것으로 서로의 다른 역할에 대해 존중하고 감사할 수 있고, 둘이 일체가 된 가치는 능력 면에서나 활동 면에서 혼자인 개체로서 존재할 때와는 전혀 다른 차원입니다. 서로가 하나의 새로운 생명체(두 사람이 합쳐서 형성된 새로운 차원의 역할을 갖는 하나의 체)라는 인식이 가능하며, 각자의 깨달음, 건강, 행복, 풍요가 증가한 결과는 곧 둘의 사랑만큼 형성된 새로운 생명체에게 공동의 결과로 인식하게 됩니다. 즉, 한 사람의 성공은 새로운 생명공동체(서로100% 사랑)에게는 곧 절반의 성공이 되는 것이며, 두 사람의 성공은 새로운 생명공동체(서로 100% 사랑)에게는 곧 100%의 성공이 되는 것입니다.

자신의 뜻한 대로 이루기 위한 자아실현

자신에 대한 자아존중감이 높을수록 자신의 역할에 대한 존중감이 높아지며, 스스로의 역할을 실현하려는 욕구가 당연히 발생합니다. 기존에 자신이 스스로 설정한 한계나 주위의 의견이나 상황에서 벗어나서 자신만의 방향성을 인식하고 그 방향으로 용기 있게 나아갈 열정과 의지를 갖게 합니다. '나는 누구이고 무엇을 하려하는가'에 대한 명확한 답을 알고 실천하는 삶을 살게 됩니다. 결국엔 가장 나답게 살아가며 자유와 행복을 누리는 삶이 진짜 나의 삶이고 궁극적으로 성공한 삶입니다.

8장 나와 공동체의 어울림(조화, 調和)

우주의 관점에서는 가족, 사회, 국가, 지구도 각각 생명체입니다. 각각의 가족, 사회, 국가, 지구 구성원들 의식수준의 총합이 각각의 공동체들의 운명 변화에 지속적인 영향을 주기 때문에, 공동체의 운명을 능동적으로 바꾸려면 각 구성원들 의식수준이 달라져야 합니다. 예를 들면, 국가의 주권이 국민에게 있는 경우, 국가의 운명 변화는 국가 구성원들의 자유의지에 의해서 지속적인 영향을 많이 받습니다. 국민 전체의 의식수준이 향상될수록, 국가의 운명을 뜻하는 대로 실현해 나가는 국가의 공력도 증가할 것입니다. 그러나 국민 전체뿐만 아니라 각 개인들도 관점 및 인식 수준이 달라서 국가의 운명과 변화 방향에 대한 해석 및 판단은 다 다릅니다. 개인-개인, 개인-집단, 개인-국가가 서로의 해석 및 판단이 틀리다고 끝까지 합의하지 못한다면, 국력이 불필요하게 소모되고 국가 운영이 비효율적인 상태에 빠지게 됩니다.

"실제로 개인의 목표와 각 개인들이 모여 있는 공동체의 목표가 다를 때, 어떻게 공동체의 목표를 정해 공동의 이익과 선(善)를 극대화할 수 있을까?"[113]

이런 과정을 실행하기 위해서는 주제에 대한 본질을 깊이 이해하기 위한 명상과 공동체의 집단 지성을 향상시키는 토론을 통하여 주제에 대해 서로 공감하고, 설득하고, 이해하여 합의하는 과정이 필요합니다. 각자의 관점 및 의식수준이 바르게 성장한다면 서로가 틀리다는 인식에서 벗어나 다름을 인정할 수 있습니다. 다음 단계로는 다름이 서로 어울리는 상태인 화이부동(和而不同)이 가능하며, 궁극적으로 서로 화합하는 아우름의 상태까지 도달한다면 평화(平和)로운 공동체가 될 수 있습니다.

토론 및 명상 ⇒ 공감, 설득, 이해, 합의 ⇒ 다름을 인정 ⇒ 어울림 ⇒ 아우름 ⇒ 평화

공동체의 운명도 구성원들이 서로 화합하여 뜻하는 방향대로 가장 효율적으로 변화 가능합니다. 공동체 구성원들의 의식수준에 의해서 현재 공동선의 수준이 결정되기 때문에, 합리적으로 공동선을 추구하고 실현하기 위해서는 공동체 구성원들의 의식수준이 합리적인 수준에 도달해야 합니다. 결국 공동체의 변화를 일으키는 주체는 공동체의 모든 구성원들이기 때문에, 각 구성원들의 의식수준을 향상시키는 교육이 공동선의 추구와 실현을 위한 가장 중요한 방법입니다.

먼저 공동체의 구성원인 나부터 의식수준이 합리적으로 성장하는 것이 합리적인 세상을 만드는 첫 걸음입니다. 공동체 구성원들의 의식수준이 궁극적 관점 및 의식수준에 가까워질수록 공동선은 절대선에 다가갈 수 있습니다. 마지막으로 공동선이 절대선에 도달하면, 이 때가 진리대로 널리 이롭게 되는 세상이 됩니다. 궁극에 깨달은 존재에게는 개인선이 곧 절대선이 되는 것처럼, 궁극에 깨달은 구성원들로 이루어진 공동체에게는 공동선이 곧 절대선이 되는 것입니다.

궁극의 관점과 의식수준에 도달하여 하늘의 이치와 땅의 이치와 사람의 이치에 통한 사람이 왕(王)인 것이며, 절대선 혹은 보편선을 추구하고 실현할 수 있는 의식수준을 갖춘 자입니다. 왕(王)의 한자를 풀어보면, 하늘(一)과 땅(一)과 사람(一)을 모두 하나로 꿰뚫은(丨)은 사람입니다. 본질적으론 궁극에 깨닫기만 하면 누구나 이런 개념의 왕(王)이 될 수 있는 잠재능력을 갖고 있습니다. 이런 개념의 왕(王)들이 자신, 가족, 단체, 사회, 국가, 세상을 다스리게 된다면, 편안(便安)을 넘어서 평안(平安)한 상태인 절대선의 세상이 될 것이라고 생각합니다.

재세이화 홍익인간(在世理化 弘益人間)
세상이 자연의 원리대로 흘러가면, 인간을 널리 이롭게 한다.
- 〈삼국유사〉 중 -

PART 6

마음과 운명

1장 마음과 운명의 작용 원리
2장 마음과 운명의 변화 방법
3장 마음과 운명의 변화 결과
4장 운명을 바꾸는 지혜, 정관

마음과 운명

　책의 내용은 마음과 운명의 '작용 원리'를 이해하고 '방법'을 실천하여 도달한 '결과'에 대한 설명으로 크게 세 부분으로 나누어 이해하시면 편리합니다.

1장 마음과 운명의 작용 원리

　"세상을 바라보는 자신의 현재의식수준의 한계를 인정하고, 잠재의식과 집단 무의식을 넘어 순수 의식(절대의식)상태에 내 현재의식이 도달하도록 노력하는 것이 모든 의혹을 없애는 '해혹 수련'이며, '의식수준 올리기 수련', '식대화 수련'이라고 불러도 좋을 것이다."[114]

　나는 성명정의 원리에 근거하여 명을 갖고 존재하는 생명체이며, 동시에 영혼-마음-의식-생각-행동(육체)하는 요소를 갖는 정체(正體)입니다. 성공하여 자유롭고 행복한 운명을 누리는 생명체가 되기 위해서는 지속적으로 나의 운명인기를 증가시킨 것이 중요합니다. 운명인기를 효율적으로 증가시키기 위해서는 현재의식으로 '생각하는 나'가 우주에 대한 앎이 성장하여 나의 인식수준이 우주의 수준(大)에 도달하는 방향으로 성장하는 식대화(識大化) 과정이 필요합니다. 여기서 큰대(大)는 사람(人)과 궁극적 하나(一)가 합쳐진 의미로 사용되었습니다. 식대화 과정은 앎이 성장하여 개체성에만 근거한 편견은 지우고 전일성을 회복하는 과정이기도 합니다. 이렇게 의식수준이 향상되면서 전일성을 완전히 회복하여 결국에는 '궁극에 깨달은 자'가 됩니다.

> **유식(唯識)**[115]
> 불교에서 마음의 본체인 식(識)을 떠나서는
> 어떠한 실재(實在)도 없음을 이르는 말

2장 마음과 운명의 변화 방법

지금 여기의 내가 성명정, 심기신 그리고 운명 변화의 원리를 이해하고, 관점 및 의식수준의 변화 방법들을 수행한다면, 뜻과 관련된 앎(지식+체험)의 성장이 가속화될 것입니다. 꾸준히 학습하여 뜻하는 정도의 합리적인 관점과 의식수준에 도달할수록, 나의 존재, 마음, 의식, 생각, 행동의 수준도 뜻하는 정도의 합리적인 수준으로 바뀌면서 효율적인 운명 변화를 일으킬 수 있습니다. 존재수준, 마음수준, 의식수준, 생각수준, 행동수준은 서로 상관관계에 있기 때문에 여러 가지 수행법들을 통하여 한 가지의 수준이 달라지면 다른 영역의 수준들도 다 같이 달라집니다. 이런 과정을 통하여 결국 뜻하는 정도의 성공을 이루고 자유와 행복을 누리는 편안한 삶을 살게 됩니다.

그러나 편안한 삶을 유지할 수 없는 한계점에 도달하면, 뜻하는 정도의 합리적인 관점과 의식수준을 넘어서는 최고수준의 합리적인 관점과 의식수준이 되도록 뜻을 전환해야 합니다.

궁극적인 수행 방법을 통해 각각의 수준은 궁극의 수준까지 도달할 수 있습니다.

> 심기신에서 벗어나 성명정으로 인식하고 살아가는 생명체로
> 존재수준은 영으로
> 마음수준은 전일성으로
> 의식수준은 순수의식으로
> 생각수준은 정념으로
> 행동수준은 경(敬) 및 성실로

처음에는 특정 장소, 시간, 사람을 통해서 수행하지만 결국엔 일상생활에서도 수행할 수 있어야 합니다. 특별한 마음공부는 계속 특별한 방법이나 사람을 통하여 특별한 장소나 시간에만 해야 하고 삶의 특별한 상황에만 적용됩니다. 하지만, 궁극적이며 보편적이며 절대적인 진리에 대한 마음공부는 식대화를 일으켜 전일성을 회복시키는 결과만 있으면 됩니다. 이런 과정을 회광반조(廻光返照)라 합니다. 전일성을 회복시키는 삶의 모든 행위가 수행 방법이며 마음공부 방법이며, 이런 공부는 당연히 삶의 모든 상황에 적용 가능합니다.

진리는 늘 가까이 언제나 있기 때문에 진리인 것이며 스스로 증명하고 알려야 할 필요조차 없기 때문에, 진리를 깨닫고 실천하며 살아야 하는 주체는 나입니다. 따라서 진리를 알고(학, 學), 꾸준한 실천으로 생활하는 단계(습, 習)가 동시에 필요합니다.

3장 마음과 운명의 변화 결과

결국엔 우주다운 성공과 늘 자유롭고 행복함을 누리는 평안한 삶에 이르게 됩니다. 궁극적인 관점과 의식수준에 도달할수록 극락, 지복, 평안, 성공에 가까워지고, 진정한 나(참나)의 삶을 사는 합리적이며 지혜로운 사람이 됩니다. 이런 사람은 나와 주위까지 널리 이롭게 할 수 있는 홍익인간을 실현할 수 있습니다.

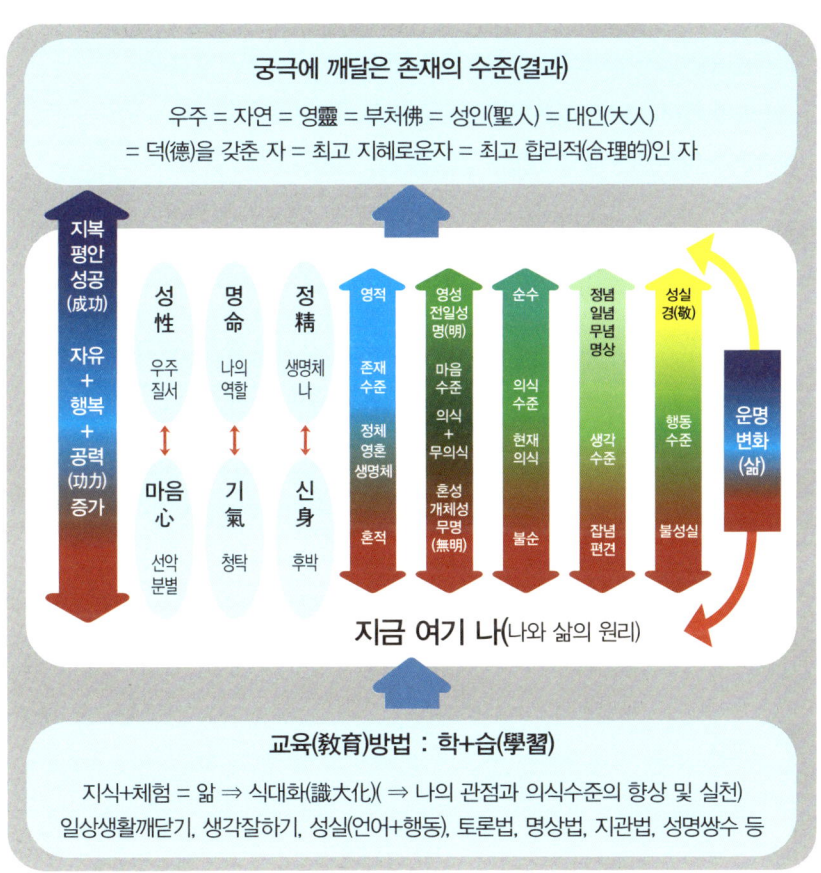

4장 운명을 바꾸는 지혜로운 관점, 정관(正觀)

원하는 주제에 대한 바른(正) 관점은 우주=자연=영(靈)=신(神)의 관점과 같은 수준입니다. 전일성(全一性), 합리성(合理性)을 완전히 갖춘 궁극의 관점이기도 합니다.

**바른 관점에서 관찰하고 인식하는 정관(正觀)을 나의 관점으로 정할수록
왜곡된 편견에서 벗어나는 명상(冥想)을 나의 마음 속에서 할수록
성명정의 원리가 담겨 있는 성명쌍수는 효율적으로 진행됩니다.
성수련과 명수련을 동시에 하는 성명쌍수가 완성될수록
인식수준의 식대화(識大化), 내재된 전일성 회복, 운명과 삶의 변화는
궁극의 수준까지 도달 가능합니다.**

누구에게나 내재된 사람의 정체성이지만 그것을 이해하고 발현하여 살아가는 차이가 있을 뿐입니다. 마음 둘 곳이 없이 방황하거나 불편한 삶을 일으킨 내 마음의 중심(中心)이 우주의 중심(中心)과 일치할수록, 나는 우주의 주인, 삶의 주인, 운명의 주인, 참나로 점점 되돌아가 우주다운 성공을 이루며 늘 자유롭고 행복하게 살아가는 존재가 되는 것입니다. 그런 상태가 평안(平安)한 삶입니다. 평안한 삶은 어느 누구나 궁극의 원리와 방법대로 실천한다면 필연적으로 맞이하게 될 결과에 불과합니다.

정관과 명상을 바탕으로 마음과 역할 수련을 동시에 하는 성명쌍수를 수행하는 것이 '영리하게 생각하는 사람'이 '지혜롭게 생각하는 사람(homo sapiens sapiens)', '전일적으로 생각하는 사람(homo sapiens holistic)'으로 거듭나는 가

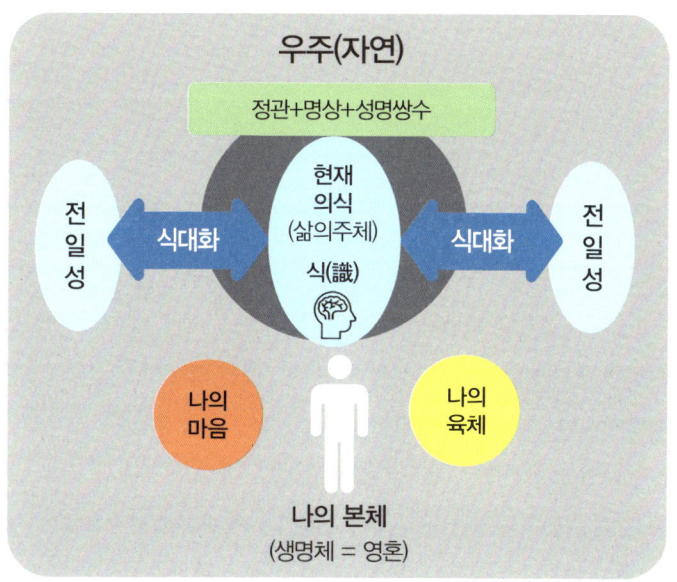

장 효율적인 방법이라 생각합니다. 이런 수준으로 생각하는 사람은 8가지 종류(언어, 논리-수학, 시각-공간, 음악, 신체운동, 대인관계, 자기성찰, 자연탐구)의 다중지능(MI, multiple intelligence) 및 인공지능(AI, artificial intelligence)을 넘어서는 우주 안에서 최고의 지능을 갖춘 사람입니다. 최고의 지능은 개체성에 의한 왜곡된 편견이 사라지면서 전일성을 회복한 누구에게나 드러나는 본래의 영성지능(SI, spiritual intelligence)과 같습니다. 중용에서 도 닦음(修道)을 교(敎)라 정의한 대로, 최고의 가르침을 배우고 익혀 성장시키는 교육(敎育)으로 전일적으로 생각하는 사람(homo sapiens holistic)들이 양성된다면, 그들은 덕(德)-지혜(智慧)-공력(功力)으로 자신과 세상을 널리 이롭게 하는 평안한 세상을 이룰 것입니다.[116]

나가는 말

 이 책은 정신 혹은 마음 세계에 대한 저의 호기심과 궁금증에서 출발하였습니다. 그러나 마음공부를 할수록 사용되는 단어의 정의가 지나치게 다양하고 불분명하여 혼란과 어려움을 겪어야 했습니다. 그래서 단어의 정의나 개념을 새롭게 정리하여 정신 혹은 마음을 탐구하는 분들에게 '길을 잡는 안내자'의 역할에 충실하고자 하였습니다. 그럼에도 전개상 다소 복잡하고 난해해 보이는 내용이 있을 것으로 생각됩니다. 이를 보완하기 위해 더 큰 개념에 필요한 최소한의 지식들만을 다루었으며, 그림을 통해 단순화하여 이해를 돕고자 하였습니다.
 책을 쓰면서 가장 강조하고 싶었던 점은, 마음공부를 통해 삶이 저절로 자유롭고 행복해져야 한다는 것입니다. 만약 우리를 지속적으로 구속하고 불행하게 만드는 불편한 마음공부가 있다면, 그 과정이나 방법은 분명히 잘못된 것입니다. 우주 혹은 자연의 원리, 그대로인 본성이 우리에게 내재되어 있음을 일깨우는 과정이나 방법이 포함되어 있다면, 그야말로 최고이자 궁극의 마음공부라 평가할 수 있습니다. 오로지 그 방법만이 우리를 늘 자유롭고 행복한 상태로 인도(引導)할 수 있기 때문입니다.
 이 책을 통하여 여러분들이 과학적 사고를 바탕으로 현상에서 본질을 인식하는 과정을 거쳐, 우주 및 자연의 원리에 대해 이해하고, 성공, 자유, 행복이 함께 하는 보다 편안한 삶을 누리며, 궁극에는 '늘' 평안한 삶에 이르는 '최고의 관점'에 머물길 바랍니다.

부록

1 전일적 건강(Holistic Health)
2 운명적 기(氣)의 측정 및 평가

부 록

1. 전일적 건강(Holistic Health)

  책에서 나에 대한 다양한 정의 중에 '나=나의 육체+나의 마음=육체+혼성+영성=영혼=생명체' 라고 정의하였습니다. 나의 건강도 이런 정의를 근거로 하여 해석한다면 건강한 상태에 대한 기준과 회복 방법에 대해 다양한 관점에서 접근할 수 있습니다. '나의 건강 = 육체적 건강과 마음적 건강 = 생명체로서 운명적 건강 = 영혼적 건강'의 다양한 건강 기준에 맞는 다양한 건강 회복 방법을 생각하고 실제로 활용할수록 건강을 회복할 확률이 높아질 거라 생각합니다. 건강을 전일론(holism, 全一論)의 관점에서 본다면, 전일적 건강(holistic health)은 기존 홀리스틱 의학(holistic medicine)의 개념에 운명 건강까지 포함해야 합니다.

1. 건강불균형에 대한 전일적인 접근법

  "대자연을 우주라고 한다면 인체는 소우주가 된다고 한방에서는 말하고 있습니다. 소우주인 인체에 나타나는 현상을 대자연의 현상에 비교하면서 추리하고 해석한다면 한방을 연구하는데 있어서 많은 도움이 될 것입니다."[117]

  우주의 원리(성)와 지금 나의 역할(나의 명)이 합쳐져 소우주인 '사람'의 현재 상황이 결정됩니다. 삶에서 자신의 건강한 정도는 건강 운명과 같이 변화할 것입니다.

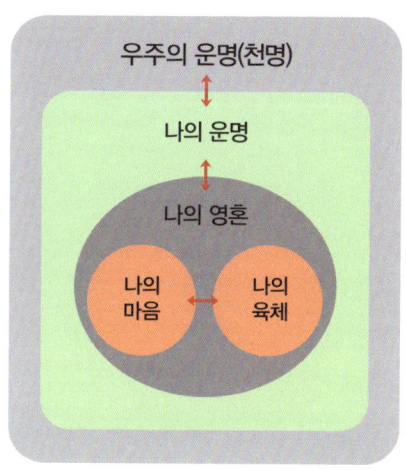 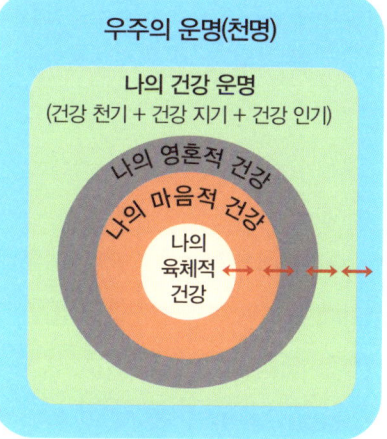

앞서 운명의 원리 중 운명의 세부 주제로 나의 재물운명을 설명한 것처럼, 여기서는 나의 건강 운명에 대해 알아보겠습니다. 나의 역할 중에 건강에 관련된 명(命)은 기(氣)로서 인식되면 건강 천기, 건강 지기, 건강 인기로 인식됩니다.

건강 천기는 하늘의 원리와 관련된 건강 요소이며, 인생의 타고난 건강 경향성을 포함합니다. 건강 천기를 통한 건강 회복 방법은 타고난 건강에 영향을 주는 하늘의 흐름을 알고 이해하여 활용하는 것입니다.

건강 지기는 지금 살고 있는 지리적-기후적 특성과 머무는 공간의 총 에너지장과 관련된 건강요소를 포함합니다. 건강 지기를 통한 건강회복 방법은 건강에 도움되는 날씨, 기후, 지리적 환경, 공간에너지를 갖는 지점이나 장소로 이동하여 머무는 것입니다. 건강을 악화시키는 지점이나 장소에서 벗어나거나 피하는 것도 방법입니다.

건강 인기는 선천적 요소인 타고난 유전적 체질이나 심리적 특성부터 후천적 요소인 육체 및 마음의 관리(손상 및 치료), 식이 및 생활습관, 사람관계 등 나와 사람과 관련된 건강요소들이 포함됩니다. 건강 인기를 통한 건강회복 방법은 식이 및 생활습관 교정, 스트레스 완화 및 해소, 명상이나 종교생활, 각종 의학적인 치료 등 건강 증진을 위한 사람의 다양한 행위들이 포함됩니다.

예를 들면, 우연히 발생한 사건인 천(하늘)기 원인과 그로 인한 마음의 불균형 상태인 인기 원인과 수면에 방해되는 공간적 요소(예를 들면 수면 환경, 수맥파)인 지기 원인이 복합적으로 작용하여 내 방에서 잠을 자기만 하면 잠을 들기 어렵거나 자고 나도 개운치 않은 현상이 반복적으로 나타나서 건강의 불균형이 발생하는 경우에는 천(하늘)기, 인기, 지기에 대한 대처법이 다 같이 필요합니다.

2. 건강불균형 원인에 대한 건강 인기 증진법

"건강 불균형의 원인과 치료방법을 찾고 치료하는 과정은 과학적 인식과 직관적 인식이 조화롭게 되어야 합니다."[118]

건강 천기+건강 지기+건강 인기의 총합으로 건강운명이 결정되고 그 결과가 현재 건강상태입니다. 보통 알고 있는 일반적인 건강 증진 방법들은 운명 건강에서 건강 인기를 높이는 방법들입니다.

건강 운명의 인기를 올리는 방법에 대해 구체적으로 살펴보겠습니다.

건강 운명 안에서 인기에 해당하는 두 가지 영역인 육체와 마음을 대상으로 건강불균형의 회복 방법을 나누어 보았습니다.

① 표면 마음의 영역에 관련된 치유

마음상태의 의식, 무의식작용을 조절하여 현재의식(감각, 감정, 생각, 판단 등)의 안정과 긍정적 변화를 위한 여러 가지 방법들
: 약물치료, 심리치료, 명상방법들, 취미생활, 수면 및 휴식, 심신 안정을 위한 각종 therapy

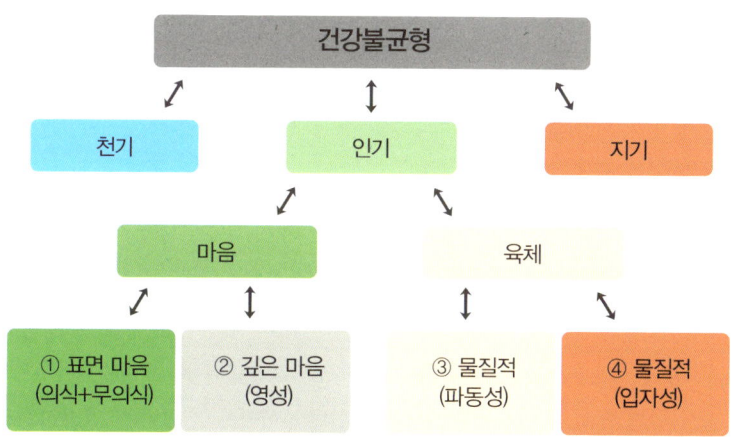

② 깊은 마음의 영역에 관련된 치유
영적 마음상태(근본적인 마음상태)에 이르게 하는 여러 가지 방법들
: 종교제도, 진리의 추구, 명상, 궁극적인 깨달음을 위한 각종 수행법, 본래 자아정체성 확립(참나찾기)
③ 파동형태의 물질적 영역에 대한 치유
물리적인 영역으로 측정 불가능한 미약에너지 혹은 파동형태의 작용을 기반으로 실시하는 치유법들
: 약물치료(한약), 침, 뜸, 음양오행, 육기(풍한서습조화), 체질론

④ 입자형태의 물질적 영역에 대한 치유

물질 형태나 물리적인 작용을 기반으로 실시하는 치유법들 : 물리적인 처치, 시술 및 수술, 약물치료(양약+한약), 영양치료(영양제, 건강기능식품), 물리치료, 요법(음식), 해독요법, 운동, 수면 및 휴식

2. 운명적 기(氣)의 측정 및 평가

1. 기(氣)의 측정

숫자 통증 척도처럼 주관적 판단을 상대적이고 객관적인 수치로 표현하는 방법인 NRS(numeral rating scale)과 유사한 방법을 사용합니다. 여기에 수치를 정확하게 측정하기 위한 방법으로 직관체계를 효과적으로 사용하는 다우징, 자발공, 명상법 등을 사용합니다. 비록 직감에서 시작하더라도 나의 의식수준이 높아질수록 직관에 가까운 답을 찾을 확률이 높아지므로 꾸준히 연습하시길 추천합니다.

기의 청탁-강약 측정 점수

0점 10점 20점 30점 40점 50점 60점 70점 80점 90점 100점
최고 나쁨   기준점(보통)   최고 좋음
    강   약   약   강

부정적 운명(-) : 탁
: 나쁜기, 탁기, 살기

긍정적 운명(+) : 청
: 좋은기, 청기, 생기

① 좋은기 혹은 나쁜기로 판단하는 방법

운명을 긍정적인 방향으로 흐르게 하는 기(+) ⇒ 좋은기, 청기(淸氣), 생기(生氣)

운명을 부정적인 방향으로 흐르게 하는 기(−) ⇒ 나쁜기, 탁기(濁氣), 살기(殺氣)

② 5가지 영역으로 나누어 판단하는 방법

최고 나쁜기 ⇔ 나쁜기 ⇔ 보통기 ⇔ 좋은기 ⇔ 최고 좋은기

③ 점수화(0점~100점)하여 판단하는 방법

100점(운명을 긍정적인 방향으로 최고로 강하게 증가(+)시키는 최고 좋은기)

50점(운명을 증가하지도 감소하지도 않는 보통기 : 중간 기준점)

0점(운명을 부정적인 방향을 최고로 강하게 감소(−)시키는 최고 나쁜기)

2. 기(氣)의 평가

기를 평가하기 위해서는 다음과 같은 항목을 확인합니다.

- 정성적 평가 항목(기의 종류)

  ① 운명의 3요소 : 천기, 지기, 인기

  ② 운명에서 다양한 세부 주제들: 깨달음, 건강, 행복, 풍요, 결혼, 장수, 사업, 명예, 화목 등

- 정량적 평가 항목(기의 청탁 및 강약, 노출시간, 적합성)

  ① 기의 청기−탁기(생기−살기)

  : 청(淸), 생(生), 좋고 유리함 ⇔ 탁(濁), 살(殺), 나쁘고 불리함

② 기의 증감 : 증(+), 강強(+) ⇔ 감(−), 약弱(−)
③ 나와 적합성(0% ~ 100 %)
④ 기의 지속 기간

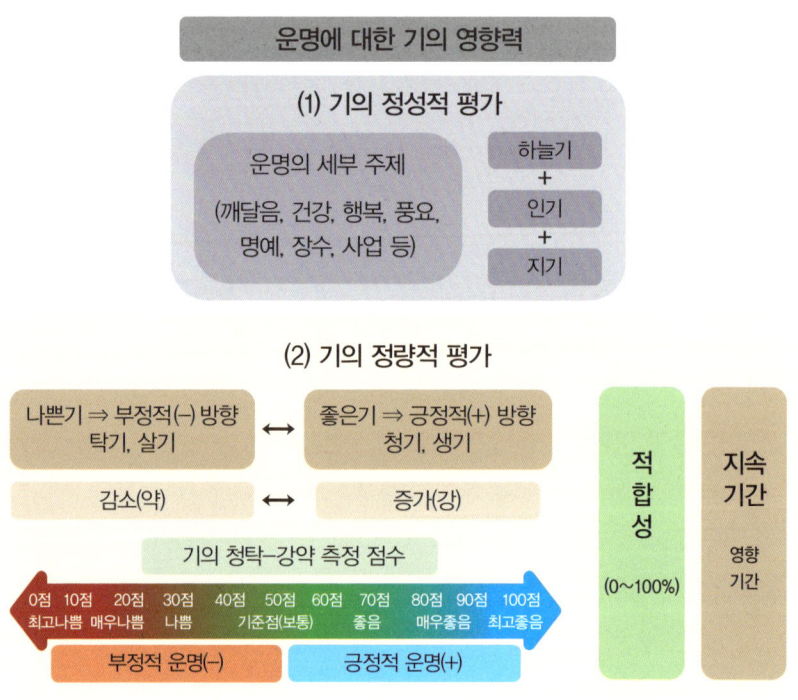

[첫번째 예시]

건강+인기+기의 정량측정점수(좋은 생기)+적합성(50%)+지속시간(3일)

건강 인기에 좋은 생기가 3일 동안 적합성 50% 정도 나의 운명 변화에 영향을 준다.

[두번째 예시]
건강+인기+기의 정량측정점수(보통, 중간)+적합성(100%)+지속시간(3일)
건강 인기에 좋지도 나쁘지도 않은 기가 3일 동안 적합성 100% 정도 나의 운명 변화에 영향을 준다.

[판단결과]
두번째 예시가 나에 대한 적합성(100%)이 좋지만 생기(+)가 없으므로 첫번째 예시가 적합성(50%)이 떨어져도 더 유익하다는 상대적인 판단이 가능합니다.

명(命)은 주로 기(氣)로 인식되어 실제로 기(氣)가 측정의 대상입니다. 특정 상황이나 대상도 기에 해당하기 때문에 내가 만나는 상황이나 대상은 기 측정의 대상이 됩니다. 이러한 상황이나 대상을 기로 보고 기의 영향을 평가하기 위해서는 단순히 나의 운명에 좋은기 혹은 나쁜기로 측정할 수 있습니다. 좀 더 자세히 기에 대한 평가가 필요하다면 정성적 평가와 정량적 평가를 합니다. 기의 정성적 평가에서는 운명의 다양한 주제들과 그 주제에 대한 천기, 인기, 지기를 평가합니다. 기의 정량적 평가에서는 개체에게 좋은기(청기, 淸氣) 혹은 나쁜기(탁기, 濁氣), 기의 증가 혹은 감소, 기의 지속 시간, 기의 적합성에 대해 평가합니다. 따라서 기(氣)도 정량적 및 정성적으로 살펴보고 다양한 해석 및 판단이 가능합니다.

참고문헌
미주

참고문헌

설영상, 〈깨달음이 주는 선물〉 라의 눈, 2018
설영상, 〈도안계 풍수지리〉, 북스힐, 2009
닐 도날드 월시. 조경숙 옮김. 〈신과 나눈 이야기 book 1〉, 아름드리미디어, 1997
닐 도날드 월시. 조경숙 옮김. 〈신과 나눈 이야기 book 2〉, 아름드리미디어, 1997
닐 도날드 월시. 조경숙 옮김. 〈신과 나눈 이야기 book 3〉, 아름드리미디어, 1997
바바라 앤 브랜넌 지음, 김경진 옮김, 〈기적의 손 치유 상,하〉, 대원출판, 2000
바바라 앤 브랜넌 지음, 김경진 옮김, 〈빛의 힐링〉 상,하, 대원출판, 2003
방건웅 지음. 〈기가 세상을 움직인다〉, 제1부, 제2부, 도서출판 예인, 2005
임성빈 지음, 〈빛의 환타지아〉, 환타지아, 2007
존 카밧진 지음, 장현감 외 2인 옮김, 〈마음챙김 명상과 자기치유 상,하〉 학지사, 1998
김주환 지음, 〈내면소통〉, 인플루엔셜, 2023.
마이클 탤보트 지음, 이균형 옮김, 〈홀로그램 우주〉, 정신세계사, 1999
유발 하라리 지음, 조현욱 옮김, 〈사피엔스〉, 김영사, 2023
데이비드 호킨스 지음, 이종수 옮김, 〈의식혁명〉, 한문화멀티미디어, 1997
데이비드 호킨스 지음, 백영미 옮김, 〈호모스피리투스〉, 판미동, 2009
디팩초프라 지음. 구승준 옮김. 〈디팩초프라의 완전한 삶〉, 한문화멀티미디어, 2008
최동환 지음, 〈삼일신고〉, 지혜의 나무, 1999
이원규 지음, 〈깨어있기 의식의 대해부〉, 히어나우시스템, 2010
폴데이비스 지음, 류시화 옮김, 〈현대물리학이 발견한 창조주〉, 정신세계사, 1988
김상운 지음. 〈왓칭〉, 정신세계사, 2011

김상운 지음, 〈왓칭 2〉, 정신세계사, 2016
만탁 치아, 마니완 지음, 이여명 옮김, 〈치유 에너지 일깨우기〉, 힐링타오
일아 지음, 〈한 권으로 읽는 빠알리 경전〉, 민족사, 2008
이재희 지음, 〈이재희 선생의 한방강의록〉, 의방출판사, 2008

[도움주신분]
설영상 선생님, 홍명이 화가님, 참나찾기 수련원 충청지원 정진근 지원장님, 조영근 길벗님, 서현수 대표님, 정규석 교수님, 정신과학학회 및 정신문화원 회원분들

미주

Part 1.

[01] 1)임성빈, 〈빛의 환타지아〉, 환타지아, 2007, 2)유발 하라리, 〈사피엔스〉, 김영사, 2023, 3) 『위키백과』의 「청동기시대」「철기시대」「산업혁명」「정보혁명」 검색 결과를 바탕으로 추정 연도를 산출하여 저자가 작성.

[02] 유발하라리, 〈사피엔스〉, 김영사, 2023, p56, p368

[03] 존 카밧진, 〈마음챙김과 자기치유(하)〉, 학지사, 2005, p35~38

Part 2.

[04] 방건웅, 〈기가 세상을 움직인다〉 제1부, 도서출판 화인, p72, 2005.
설영상, 〈도안계풍수지리〉, p272~282 설영상, 2009, 북스힐.

[05] 「삼일신고(三一神誥)」, 『한국민족문화대백과사전』(https://encykorea.aks.ac.kr/Article/E0026769), 한국학중앙연구원, 2024년 11월14일 기준.

[06] 「성(性)」, 『한국민족문화대백과사전』(https://encykorea.aks.ac.kr/Article/E0029157),한국학중앙연구원, 2024년 11월14일.

[07] 설영상, 〈깨달음이주는 선물〉, 라의눈, 2018, p246.

[08] 설영상, 〈도안계풍수리지〉, 북스힐, 2009, p234~247참조.

[09] 「인본사상(人本思想)」, 『한국민족문화대백과사전』(https://encykorea.aks.ac.kr/Article/E0046898), 한국학중앙연구원, 2024년 11월14일 기준.

[10] 「삼재[三才]」, 『한국민족문화대백과사전』(https://encykorea.aks.ac.kr/Article/E0026786), 한국학중앙연구원, 2024년 11월14일 기준.

[11] 「미혹」, 『원불교대사전』(https://www2.won.or.kr/servlet/wontis.com.rootOpenChannelServlet?tc=wontis.dic.command.RtrvDicRmrkCmd&search_cls=all&search_string=%B9%CC%C8%A4&dic_

no=1205), 원불교사상연구원, 2024년 11월14일 기준.

12 설영상, 〈도안계풍수지리〉, 2009, 북스힐, p243

13 「양택(陽宅)」, 『한국민족문화대백과사전』(https://encykorea.aks.ac.kr/Article/E0035817), 한국학중앙연구원, 2024년 11월14일 기준

14 「비보풍수(神補風水)」, 『한국민족문화대백과사전』(https://encykorea.aks.ac.kr/Article/E0060401), 한국학중앙연구원, 2024년 11월14일 기준.

15 풍수지리에 대한 지기처방에 관한 자세한 내용은 [설영상, 〈도안계풍수지리〉, 2009, 북스힐]에 있습니다.

16 「진아(眞我)」, 『원불교대사전』(https://www2.won.or.kr/servlet/wontis.com.root.OpenChannelServlet?tc=wontis.dic.command.RtrvDicRmrkCmd&search_cls=all&search_string=%C1%F8%BE%C6&dic_no=3936), 원불교사상연구원.

17 「인지부조화(cognitive dissonance)」, 『위키백과』

18 바바라 앤 브랜넌, 김경진 옮김, 〈기적의 손 치유〉 상, 대원출판, 2000, p155-163

19 (사)한국정신과학학회 총서 No.1 파동-미묘에너지의 활용, 정규석, 창조현진, 7장 영혼137-138 정규석

20 「무분별지(無分別智)」, 『표준국어대사전』

21 「반야(般若)」, 『한국민족문화대백과사전』(https://encykorea.aks.ac.kr/Article/E0021504), 한국학중앙연구원, 2024년 11월14일 기준.

22 1) 돈황본 육조단경 제1편 단경지침, 「육조단경」, 『한국민족문화대백과사전』(https://encykorea.aks.ac.kr/Article/E0042159), 한국학중앙연구원, 2024년 11월14일 기준 2) 설영상, 〈깨달음이 주는 선물〉 라의 눈, 2018, p172 3) 설영상, 〈도안계 풍수지리〉, 북스힐, 2009, p232

23 「무명(無明)」, 『표준국어대사전』

24 "인간은 마음을 통하여 정신작용을 합니다. 매 순간 떠오르는 정신작용을 '생각한다'라고 표현합니다.", 설영상, 〈깨달음이 주는 선물〉, 라의눈, 2018, p178.

25 설영상, 〈깨달음이 주는 선물〉, 라의눈, 2018, p34, p35, p226 참조.
26 설영상, 〈깨달음이 주는 선물〉, 라의눈, 2018, p35, p170.
27 설영상, 〈깨달음이 주는 선물〉, 라의눈, 2018, p35, p180-182.
28 「색수상행식(色受想行識)」, 『원불교대사전』(https://www2.won.or.kr/servlet/wontis.com.root.Open ChannelServlet?tc=wontis.dic.command.RtrvDicRmrkCmd&search_cls=all&search_string=%BB %F6%BC%F6%BB%F3%C7%E0%BD%C4&dic_no=1922), 원불교사상연구원. 참조.
29 설영상, 〈도안계풍수리지〉, 북스힐, 2009, p72.
30 설영상, 〈깨달음이 주는 선물〉, 라의눈, 2018, p35, p171, p199.
31 설영상, 〈깨달음이 주는 선물〉, 라의눈, 2018, p190.
32 "자신의 '지식+체험' 수준에 따른 편견이 가미되어 만들어진 것이 상(생각)인데, 이러한 상들에 대응되는 앎(식,識)이 정해지면 이것이 각자의 앎의 수준입니다." 설영상, 〈깨달음이 주는 선물〉, 라의눈, 2018, p173-176
33 방건웅, 〈기가 세상을 움직인다〉제2부, 도서출판 예인, 2005, p184, p323-331, p538-545
  김주환, 〈내면소통〉, 인플루엔셜, 2023, p179-207
34 방건웅, 〈기가 세상을 움직인다〉 제2부, 도서출판 예인, 2005, p323-324
35 방건웅, 〈기가 세상을 움직인다〉 제2부, 도서출판 예인, 2005, p177
36 김상운, 〈왓칭2〉, 정신세계사, 2023, p165-p170
37 「이지스 전투 시스템」, 『위키백과』
38 「천수천안-관세음보살 」, 『표준국어대사전』
39 「DIKW 피라미드 」, 『Wikipedia』

Part 3

40 「분노의 5단계」, 『위키백과』
41 「손자병법」, 『위키백과』.
42 설영상, 〈깨달음이 주는 선물〉, 라의눈, 2018, p154
43 「지관(止觀)」, 『표준국어대사전』
44 설영상, 〈깨달음이 주는 선물〉, 라의눈, 2018, p155, p175

45 설영상, 〈깨달음이 주는 선물〉, 라의눈, 2018, p196.
46 「선(禪)」, 『한국민족문화대백과사전』(https://encykorea.aks.ac.kr/Article/E0028589), 한국학중앙연구원, 2024년 11월14일 기준.
47 설영상, 〈깨달음이 주는 선물〉, 라의눈, 2018, p178.
48 "지관법(止觀)은 관찰할 주제인 뜻을 정하고(의정) 관찰하여 알아차림을 유지하는 방법으로 관찰주제에 따라서 다양한 관찰 결과물과 깨달음을 얻을 수 있습니다. 답을 얻고자 하는 주제에 집중해 내 안에서 답이 나오도록 내어 맡기는 허용 과정이 지관법인 셈입니다.", 설영상, 〈깨달음이 주는 선물〉, 라의눈, 2018, p197.
49 설영상, 〈깨달음이 주는 선물〉, 라의눈, 2018, p174.
50 닐 도날드 월시. 조경숙 옮김. 〈신과 나눈 이야기〉 book 1, 아름드리미디어, 1997, p34, p272.
51 존 카밧진, 〈마음챙김 명상과 자기치유〉 하권, 학지사, 2005, p32-p38
52 이원규, 〈깨어있기 의식의 대해부〉, 히어나우시스템, p155.
53 김난도, 〈트렌드코리아〉, 미래의 창, 2023, p132-155
54 「사리연구(事理研究)」, 『원불교대사전』(https://www2.won.or.kr/servlet/wontis.com.root.OpenChannelServlet?tc=wontis.dic.command.RtrvDicRmrkCmd&search_cls=all&search_string=%BB%E7%B8%AE%BF%AC%B1%B8&dic_no=1712), 원불교사상연구원.
55 「시심마 是甚麽」, 『표준국어대사전』, '이뭣고' 수련.
56 「산파법(産婆法)」, 『표준국어대사전』
57 「아포리아(aporia)」, 『표준국어대사전』
58 설영상, 〈깨달음이 주는 선물〉, 라의눈, 2018, p148, p210.
59 「조심(調心)」, 『원불교대사전』https://www2.won.or.kr/servlet/wontis.com.root.OpenChannelServlet?tc=wontis.dic.command.RtrvDicRmrkCmd&search_cls=all&search_string=%C1%B6%BD%C9&dic_no=3744), 원불교사상연구원.
60 설영상, 〈깨달음이 주는 선물〉, 라의눈, 2018, p146.
61 설영상, 〈깨달음이 주는 선물〉, 라의눈, 2018, p146.
62 「진언(眞言)」, 『한국민족문화대백과사전』(https://encykorea.aks.ac.kr/Article/E0054798), 한국학중앙연구원, 2024년 11월14일 기준.

63 「구나(guṇa)」, 『Wikipedia』
64 「요가(yoga)」, 『한국민족문화대백과사전』(https://encykorea.aks.ac.kr/Article/E0039291), 한국학중앙연구원, 2024년 11월14일 기준.
65 「성(誠)」, 『한국민족문화대백과사전』(https://encykorea.aks.ac.kr/Article/E0029159), 한국학중앙연구원, 2024년 11월14일 기준.
66 「경(敬)」, 『원불교대사전』(https://www2.won.or.kr/servlet/wontis.com.root.OpenChannelServlet?tc=wontis.dic.command.RtrvDicRmrkCmd&search_cls=all&search_string= %B0%E6&dic_no=0139), 원불교사상연구원.
67 표준국어대사전 〈예의(禮儀)〉
68 국보 78호 반가사유상과 쌍벽을 이루는 삼국시대에 제작된 대반가사유상(옛 지정번호 제83호), 국립중앙박물관 홈페이지
69 경주1564, 지정번호보물 2010호, 국립경주박물관 홈페이지
70 만탁치아, 〈치유에너지 일깨우기〉, 힐링타오, 2023, P123.
71 서현수, 〈풍수지리와 건축〉, 창조현진, 2021, p121
    줄스 에반스, 서영조 옮김, 〈철학을 권하다〉, 더퀘스트, 2012, p154~157, p164-165.
72 방건웅, 〈기가 세상을 움직인다〉, 도서출판 예인, 2005, p198-199.
73 서현수, 〈풍수지리와 건축〉, 창조현진, 2021, p119.
74 설영상, 〈도안계풍수리지〉, 북스힐, 2009, p93.
75 서현수, 〈풍수지리와 건축〉, 창조현진, 2021, p122.
    콜린엘러드, 문희경 옮김, 〈공간이 사람을 움직인다〉 더퀘스트, 2016, p24.
76 서현수, 〈풍수지리와 건축〉, 창조현진, 2021, p124.
77 「돈오점수(頓悟漸修)」, 『한국민족문화대백과사전』(https://encykorea.aks.ac.kr/Article/E0016070), 한국학중앙연구원, 2024년 11월14일 기준.

Part 4.

78 「ERG 이론(Existence-Relatedness-Growth Theory))」, 『위키백과』
79 설영상, 〈도안계풍수리지〉, 북스힐, 2009, p261.

Part 5.

80 「횡설수설」, 『나무위키』

81 설영상, 〈깨달음이 주는 선물〉, 라의눈, 2018, p113~p119

82 〈성경〉 요한복음 4장24절 "하나님은 영이시니"

83 설영상, 〈깨달음이 주는 선물〉, 라의눈, 2018, p100

84 설영상, 〈깨달음이 주는 선물〉, 라의눈, 2018, p110.

85 「이(理)」, 『한국민족문화대백과사전』(https://encykorea.aks.ac.kr/Article/E0043457), 한국학중앙연구원, 2024년 11월 14일 기준.

86 〈성경〉 요한복음 8장 31-32절.

87 설영상, 〈깨달음이 주는 선물〉 라의 눈, 2018, p107-110

88 일아, 〈한권으로 읽는 빠알리 경전〉, 민족사, 2008, p98-99

89 설영상, 〈깨달음이 주는 선물〉, 라의눈, 2018, p174.

90 설영상, 〈깨달음이 주는 선물〉, 라의눈, 2018, p210-211.

91 설영상, 〈도안계풍수리지〉, 북스힐, 2009, p64.

92 설영상, 〈깨달음이 주는 선물〉, 라의눈, 2018, p157-160.

93 서현수, 〈풍수지리와 건축〉, 창조현진, 2021, p171.

94 성명쌍수의 주된 내용은 다음에 해당되는 내용을 참고하여 작성.
설영상, "기와 운명 그리고 행복만들기", 한국정신과학학회 학회지 제8권 제2호, 2004
설영상, 〈깨달음이 주는 선물〉, 라의눈, 2018, p238-251.
방건웅, 〈기가 세상을 움직인다〉제1부, 도서출판 예인, 2005, p48-93 참조.

95 설영상, 〈깨달음이 주는 선물〉, 라의눈, 2018, p149-150.

96 방건웅, 〈기가 세상을 움직인다〉 제1부, 도서출판 예인, 2005, p73 표 2-4, p75 표2-5 ,p90 표2-8, p61-p62.

97 방건웅, 〈기가 세상을 움직인다〉 제1부, 도서출판 예인, 2005, p61.

98 「대승기신론(大乘起信論)」,『한국민족문화대백과사전』(https://encykorea.aks.ac.kr/Article/E00145), 한국학중앙연구원, 2024년 11월14일 기준.

99 『위키백과』 검색 「백팔번뇌」 중 세 번째 방식:((6 × 3) + (6 × 3)) × 3.

100 「연기(緣起)」,『원불교대사전』(https://www2.won.or.kr/servlet/wontis.com.root.OpenChannel

Servlet?tc=wontis.dic.command.RtrvDicRmrkCmd&search_cls=all&search_string=%BF%AC%B1%E2&dic_no=2682), 원불교사상연구원.

[101] 「팔정도(八正道)」, 『한국민족문화대백과사전』(https://encykorea.aks.ac.kr/Article/E0059776), 한국학중앙연구원, 2024년 11월14일 기준

[102] 「임제록」, 『위키백과』, 당나라의 선승(禪僧) 임제의현(臨濟義玄: ?~867)의 가르침.

[103] 「색즉시공공즉시색(色卽是空空卽是色)」, 『한국민족문화대백과사전』, https://encykorea.aks.ac.kr/Article/E0027487), 한국학중앙연구원, 2024년 11월14일 기준.

[104] 「진공묘유」, 『한국민족문화대백과사전』(https://encykorea.aks.ac.kr/Article/E0078361), 한국학중앙연구원, 2024년 11월 14일 기준.

[105] 「영점에너지」, 『위키백과』

[106] 「손괘(損卦)」, 『한국민족문화대백과사전』(https://encykorea.aks.ac.kr/Article/E0030470), 한국학중앙연구원, 2024년 11월14일 기준, 「익괘(益卦)」, 『한국민족문화대백과사전』(https://encykorea.aks.ac.kr/Article/E0046744), 한국학중앙연구원, 2024년 11월 14일 기준.

[107] 아리스토텔레스, 〈니코마코스윤리학〉, 숲, 2018 참조.

[108] 창흥, 〈미학산책〉, 시그마북스, 2010, p19~21 부분 발췌

[109] 설영상, 〈깨달음이 주는 선물〉, 라의눈, 2018, p80.

[110] 설영상, 〈깨달음이 주는 선물〉, 라의눈, 2018, p83.

[111] 설영상, 〈깨달음이 주는 선물〉, 라의눈, 2018, p215.

[112] 「자재(自在)」, 『원불교대사전』(https://www2.won.or.kr/servlet/wontis.com.root.OpenChannelServlet?tc=wontis.dic.command.RtrvDicRmrkCmd&search_cls=all&search_string=%C0%DA%C0%E7&dic_no=3497), 원불교사상연구원.

[113] 강연제목 : 공동선, 강연자 : 설영상, 강의일시 : 2014년8월 18일, 〈대토론회를 준비하는 16차 워크숍〉, 정신과학문화원, 출처 : youtube 동영상

Part 6.

[114] 설영상, 〈도안계풍수리지〉, 북스힐, 2009, p252.

[115] 표준국어대사전 〈유식〉.

[116] "마음(心)을 비워야 덕을 쌓을 수 있고, 기운(氣)이 맑아야 지혜가 생기며, 몸(身)이 굳세야 힘이 나

오니 의(義)인이 되려면 몸이 굳세어야 하고, 현(賢)자가 되려면 기운이 맑아야 하며, 어진(仁)이가 되려면 마음이 비어야 한다." 방건웅, 〈기가 세상을 움직인다〉, 제1부, 도서출판 예인, 2005, p91.

부록

[117] 이재희, 〈이재희 선생 한방강의록〉, 의방출판사, 머리말 페이지 IX.
[118] 이재희, 〈이재희 선생 한방강의록〉, 의방출판사, p6-9 내용에 대한 해석.

운명을 바꾸는 지혜 관점

인　　쇄 1판 1쇄 2025년 1월 25일

지 은 이 최창환, 구미정

펴 낸 이 한은주
펴 낸 곳 도서출판 젬마의서재

출판등록 2024년 10월 17일
등　　록 제2024-000057호
주　　소 인천시 연수구 컨벤시아대로 274번길 62, 1903-3001
전　　화 010-7421-1192
팩　　스 0504-229-1192

ISBN　979-11-991084-0-0
값 18,000원